Zusätzliche digitale Inhalte für Sie!

Zu diesem Buch stehen Ihnen kostenlos folgende digitale Inhalte zur Verfügung:

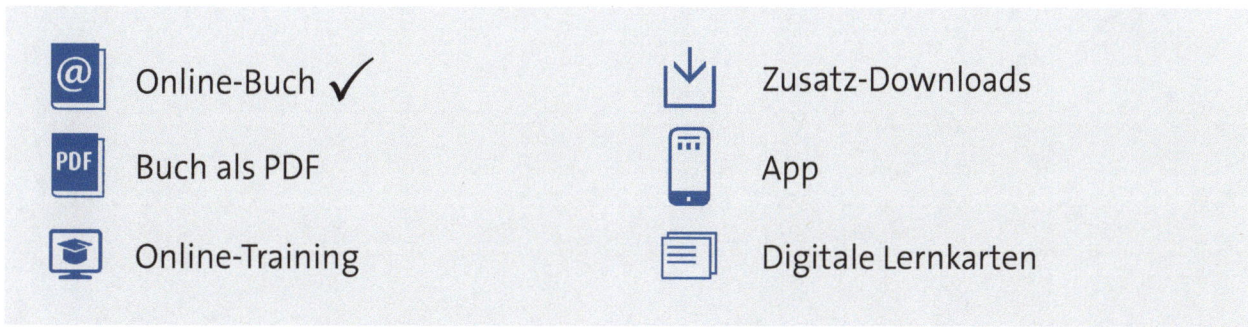

@ Online-Buch ✓	⬇ Zusatz-Downloads
PDF Buch als PDF	📱 App
🎓 Online-Training	📑 Digitale Lernkarten

Schalten Sie sich das Buch inklusive Mehrwert direkt frei.

Scannen Sie den QR-Code **oder** rufen Sie die Seite **www.kiehl.de** auf. Geben Sie den Freischaltcode ein und folgen Sie dem Anmeldedialog. Fertig!

Ihr Freischaltcode

BUEH-JNNQ-EIWK-SUCW-NQRI-EZ

www.kiehl.de

Übungsaufgaben zum Steuerwesen für Steuerfachangestellte

Einkommen-, Körperschaft- und Gewerbesteuer

Von
RA Dipl.-Finanzw. Reinhard Schweizer

ISBN 978-3-470-**10591**-8

© NWB Verlag GmbH & Co. KG, Herne 2020
www.kiehl.de

Kiehl ist eine Marke des NWB Verlags

Satz: SATZ-ART Prepress & Publishing GmbH, Bochum
Druck: Elanders GmbH, Waiblingen

Vorwort

Das Steuerwesen – und hierbei insbesondere die Ertragsteuern (Einkommensteuer, Körperschaftsteuer und Gewerbesteuer) – muss anhand von praxisnahen Fällen vielfach geübt werden, denn Genauigkeit und Routine sind neben dem Fachwissen ausschlaggebend für die Qualität der Leistungen.

Das vorliegende Arbeitsheft hilft Ihnen, den umfangreichen Stoff sicher in den Griff zu bekommen.

Das Arbeitsheft dient der „ersten Übungsphase" bei der Erarbeitung neuer Themen.

Es ist so konzipiert, dass die Aufgaben mit einer vorangestellten Themenübersicht mithilfe der zugehörigen Informationen des Lehrbuchs zu dem jeweiligen Themengebiet problemlos zu lösen sind. Dabei können die Lösungen überwiegend direkt in dem vorliegenden Arbeitsheft eingetragen werden.

Aufbau, Stoffauswahl und Didaktik wurden in langjährigen Lehrveranstaltungen erprobt und haben sich auch im Unterricht bewährt.

Weitere und tiefergehende Aufgaben und Problemstellungen sind im Lehrbuch enthalten. Diese sollten in einer zweiten und dritten Übungsphase geübt werden, damit sich die oben erwähnte Routine im Umgang mit den Inhalten des Steuerwesens einstellt.

Für Hinweise auf Verbesserungsmöglichkeiten oder Fehler, die sich trotz gewissenhafter Korrektur leider hier und da einschleichen, sind Autor und Verlag dankbar; gern auch auf elektronischem Wege an die folgende E-Mail-Adresse: **feedback@kiehl.de**.

Reinhard Schweizer
Leverkusen, im April 2020

Feedbackhinweis

Kein Produkt ist so gut, dass es nicht noch verbessert werden könnte. Ihre Meinung ist uns wichtig.
Was gefällt Ihnen gut? Was können wir in Ihren Augen verbessern? Bitte schreiben Sie einfach eine E-Mail an:
feedback@kiehl.de

A. Einkommensteuer

1. Persönliche Steuerpflicht

1.1 Unbeschränkte und beschränkte Steuerpflicht

Aufgabe 1: Persönliche Steuerpflicht, Wohnsitz, gewöhnlicher Aufenthalt

Ergänzen Sie in dem nachfolgenden Text die fehlenden Informationen:

Unbeschränkt einkommensteuerpflichtig sind gem. § _____ Abs. _____ Satz _____ EStG Personen, die im Inland einen _____ oder ihren _____ haben.

Einen Wohnsitz hat jemand dort, wo er eine _____ unter Umständen _____, die darauf schließen lassen, dass er die Wohnung _____ und _____ wird (§ _____ AO).

Als gewöhnlicher Aufenthalt ist nach § _____ Satz _____ AO stets und von Beginn an ein zeitlich zusammenhängender Aufenthalt von _____ als _____ Monaten Dauer anzusehen; _____ Unterbrechungen bleiben unberücksichtigt.

Das gilt nicht (es liegt also kein gewöhnlicher Aufenthalt vor), wenn der Aufenthalt ausschließlich zu _____ Zwecken genommen wird und nicht länger als _____ dauert (§ _____ Satz _____ AO).

Die unbeschränkte Steuerpflicht erstreckt sich auf das sog. _____, also auf alle in- und ausländischen Einkünfte.

Unbeschränkt steuerpflichtig sind auch _____ Staatsangehörige, die im Inland keinen _____ oder _____ haben und zu einer inländischen _____ in einem _____ stehen und dafür Arbeitslohn aus einer _____ beziehen (§ _____ Abs. _____ EStG).

Natürliche Personen, die im Inland weder einen Wohnsitz noch ihren gewöhnlichen Aufenthalt haben, sind vorbehaltlich der § 1 Abs. 2 und 3 EStG und des § 1a EStG _____ einkommensteuerpflichtig, wenn sie _____ Einkünfte i. S. des § 49 EStG haben.

Aufgabe 2: Persönliche Steuerpflicht

Begründen Sie unter Angabe der gesetzlichen Grundlagen, ob und in welchem Umfang eine persönliche Einkommensteuerpflicht besteht.

Fall 1

Die Schülerin Susanne Meier, acht Jahre alt, lebt mit ihren Eltern in Leverkusen.

Sie hat vor drei Jahren ein Haus in Frankreich geerbt, aus dem sie im VZ 2020 Einkünfte aus Vermietung und Verpachtung i. H. v. 3.600,00 € erzielt hat.

Fall 2

Johannes von Köppen ist deutscher Staatsangehöriger und Botschafter in Spanien.
Er erhält sein Gehalt vom deutschen Außenministerium. In Spanien besteuert er lediglich seine spanischen Einkünfte aus der Vermietung eines Hauses auf Fuerteventura.

In Deutschland hält er sich nur noch kurzfristig auf und wohnt dann in einem Hotel.

Fall 3

Die französische Studentin Nicole Petit mit Wohnsitz in Paris besuchte am 01.10.2019 ihre Freundin in Köln. Am 10.10.2019 lernte sie den Steuerberater Dr. Rathgeber kennen. Dieser beschäftigte Petit in dem Zeitraum vom 23.10.2019 bis zum 30.05.2020 als Sekretärin. Petit erhielt eine Schlafmöglichkeit im Gästezimmer der Freundin. Zwischen Weihnachten 2019 und Neujahr 2020 hielt Petit sich in Paris auf. Danach kehrte sie in die Wohnung ihrer Freundin zurück.

Am 30.04.2020 löste Petit ihr Arbeitsverhältnis bei Dr. Rathgeber auf und zog wieder nach Paris.

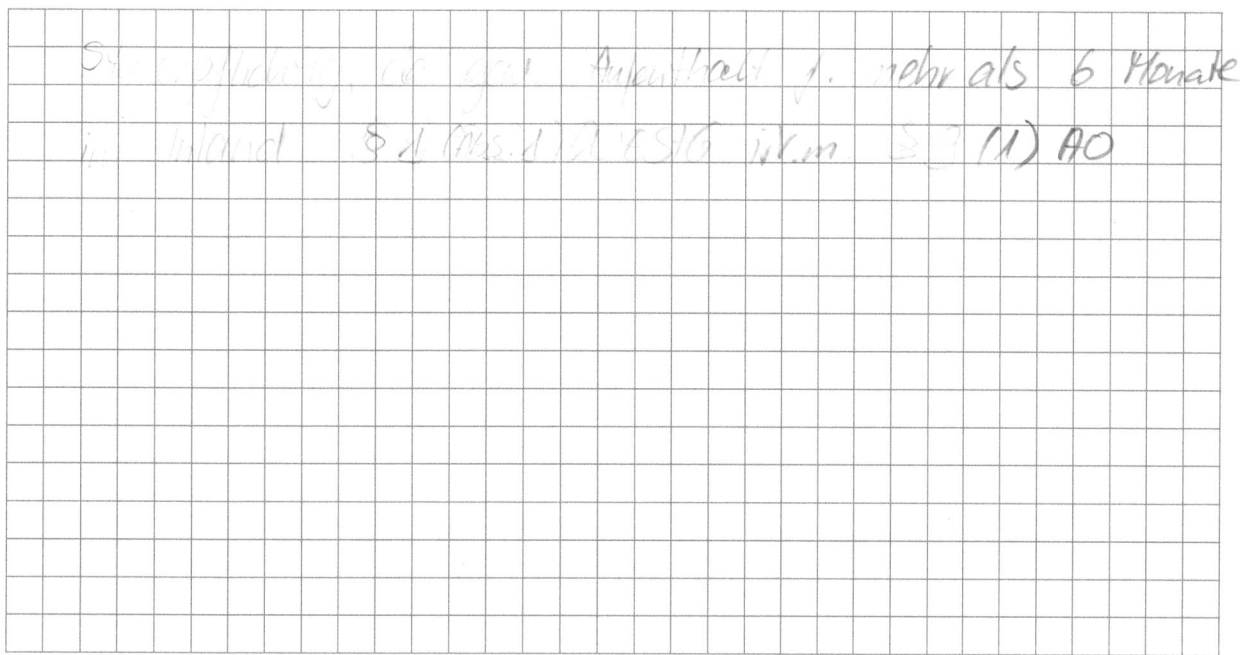

Fall 4

Der Kanadier George Bigfoot arbeitet als Bankangestellter in Vancouver (Kanada).
Im VZ 2020 bezog er ein Gehalt i. H. v. 110.000,00 $. Aufgrund eines Verdauungsleidens trat er im Februar 2020 eine siebenmonatige Schwefeltrinkkur in Bad Hönningen (Rheinland-Pfalz) an. Während seines Kuraufenthaltes wohnt er in einem Hotel in Bad Hönningen.

In Leverkusen erzielte er aus einem Mietwohngrundstück im VZ 2020 Mieteinkünfte i. H. v. 20.000,00 €.

Aufgabe 3: Antrag auf unbeschränkte Steuerpflicht

Marc Bonmots wohnt in Lüttich (Belgien). Er ist bei einem deutschen Unternehmen in Aachen beschäftigt und fährt täglich von Lüttich zu seiner Arbeitsstätte nach Aachen. Seine Einkünfte als Arbeitnehmer betrugen im VZ 2020 insgesamt 120.000,00 €.

Außerdem bezog er in Belgien im VZ 2020 Einkünfte aus Vermietung und Verpachtung i. H. v. 12.000,00 €. Eine Bescheinigung der belgischen Finanzbehörde liegt vor.

Aufgaben

a) Entscheiden und begründen Sie unter Angabe der gesetzlichen Grundlage, ob und in welchem Umfang Marc Bonmots in Deutschland im VZ 2020 einkommensteuerpflichtig ist.

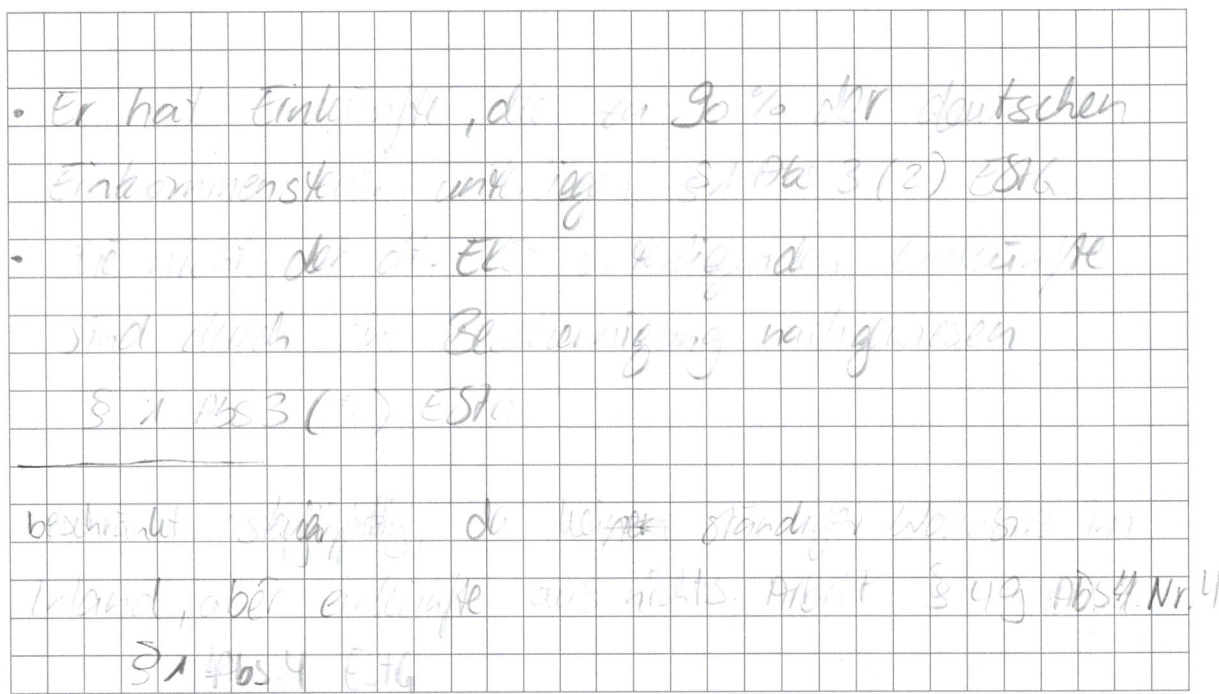

b) Entscheiden und begründen Sie, ob Marc Bonmots auf Antrag als unbeschränkt einkommensteuerpflichtig behandelt werden kann. Geben Sie bei Ihrer Lösung die gesetzliche Grundlage an.

1.2 Sachliche Steuerpflicht

Aufgabe 4: Ermittlungsschema

Die ledige Sabine Müller aus Köln gibt für den VZ 2020 folgende Besteuerungsgrundlagen an:

► Sonderausgaben	5.000,00 €
► Einkünfte aus Gewerbebetrieb	50.000,00 €
► Außergewöhnliche Belastungen	10.000,00 €
► Einkünfte aus Vermietung und Verpachtung	20.000,00 €
► Altersentlastungsbetrag	760,00 €
► Sonstige Einkünfte	4.000,00 €
► Kinderfreibetrag	2.586,00 €
► Entlastungsbetrag für Alleinerziehende	1.908,00 €
► Betreuungs- und Erziehungsfreibetrag	1.320,00 €

Aufgabe

Ermitteln Sie in einer übersichtlichen Aufstellung unter Nennung der einschlägigen Fachbegriffe das zu versteuernde Einkommen für den VZ 2020 in der gesetzlichen Reihenfolge des § 2 EStG.

Aufgabe 5: Ermittlungsschema

Der ledige Kai Muster aus Mainz gibt für den VZ 2020 folgende Besteuerungsgrundlagen an:

► Einnahmen aus Vermietung und Verpachtung	12.000,00 €
► Einnahmen aus nichtselbstständiger Arbeit	50.000,00 €
► Außergewöhnliche Belastungen	2.000,00 €
► Einkünfte aus Gewerbebetrieb	20.000,00 €
► Sonderausgaben	7.000,00 €
► Werbungskosten bei nichtselbstständiger Arbeit	5.000,00 €
► Einkünfte aus selbstständiger Arbeit	1.500,00 €
► Werbungskosten bei Vermietung und Verpachtung	13.500,00 €

Aufgabe

Ermitteln Sie in einer übersichtlichen Aufstellung unter Nennung der einschlägigen Fachbegriffe das zu versteuernde Einkommen für den VZ 2020 in der gesetzlichen Reihenfolge des § 2 EStG.

2. Veranlagungsformen und Tarif

Aufgabe 6: Veranlagungsformen, Tarif

Bestimmen Sie zu den folgenden Fällen jeweils für den VZ 2020 die möglichen Veranlagungsformen und den jeweils anzuwendenden Einkommensteuertarif.

a) Die Eheleute Bernd und Birgit Blume haben vor 20 Jahren geheiratet.
Der Ehemann ist als Steuerberater, die Ehefrau als kaufmännische Angestellte tätig.

b) Die Ehe des Juristen Dr. Rudi Juris wurde im Februar 2020 geschieden, nachdem die Eheleute zuvor ein Jahr dauernd getrennt gelebt haben. Der geschiedene Ehemann hat im Dezember 2020 eine Mandantin geheiratet. Die neue Ehe erfüllt die Voraussetzungen des § 26 Abs. 1 Satz 1 EStG.

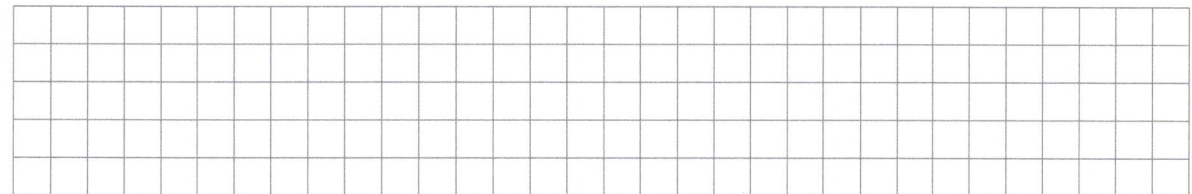

c) Der Ehemann lebt seit dem 05.01.2020 von seiner Ehefrau dauernd getrennt.
Das Ehepaar wurde bisher zusammen zur Einkommensteuer veranlagt.

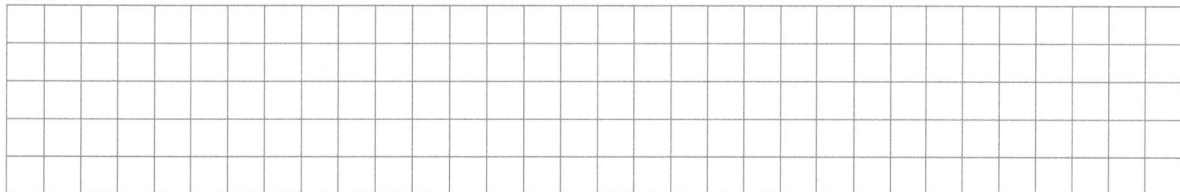

d) Die Eheleute sind seit dem 30.12.2020 verheiratet.

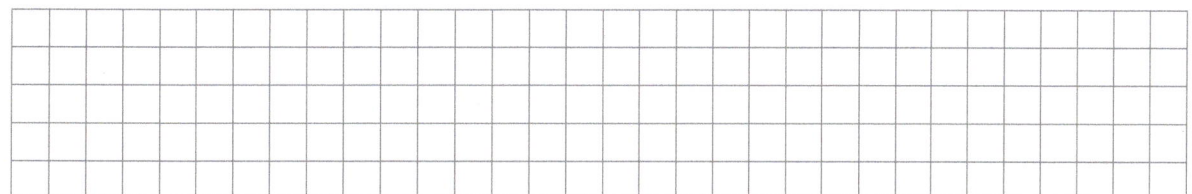

e) Eine Ehe wurde durch Tod im VZ 2019 aufgelöst. Die Ehe erfüllte die Voraussetzungen des § 26 Abs. 1 Satz 1 EStG. Die Witwe hat nicht wieder geheiratet.

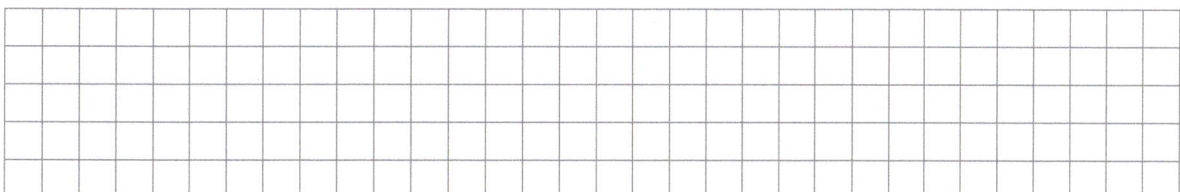

f) Der Ehemann lebt seit drei Jahren von seiner Ehefrau dauernd getrennt.

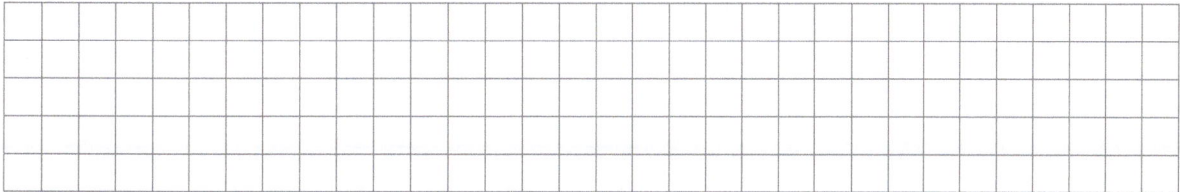

3. Einkünfte aus Land- und Forstwirtschaft

Aufgabe 7: Wirtschaftsjahr, Freibetrag, Ermittlung des GdE

Der ledige Bernd Rose betreibt seit Jahren in seiner Freizeit erfolgreich eine Rosenzucht und erzielte im Wirtschaftsjahr 2019/20 einen Gewinn von 5.000,00 € und im Wirtschaftsjahr 2020/21 einen Verlust von 4.000,00 €.

Außerdem erzielte er im VZ 2020 noch Einkünfte aus selbstständiger Arbeit i. H. v. insgesamt 30.000,00 €.

Aufgaben

a) Wann beginnt und wann endet das Wirtschaftsjahr für die Einkünfte aus Land- und Forstwirtschaft? Nennen Sie auch die genaue gesetzliche Grundlage.

Beginn:

01. Juli

Ende:

30. Juni

Gesetzl. Grundlage:

§ 4a Abs. 1 Nr. 1 EStG

b) Ergänzen Sie in dem nachfolgenden Text die fehlenden Informationen:

Der Freibetrag für Land- und Forstwirte nach § _____ EStG beträgt bei der Einzelveranlagung

_____ Euro, maximal jedoch die _____.

Der Freibetrag für Land- und Forstwirte wird nicht bei der Ermittlung der Einkünfte aus Land- und

Forstwirtschaft, sondern erst nach der _____ bei der Ermittlung des

_____ abgezogen.

Der Freibetrag für Land- und Forstwirte ist nur zu gewähren, wenn die _____

den Grenzbetrag von _____ € nicht übersteigt.

Im Fall der _____ von Ehegatten

_____ sich der Freibetrag und der Grenzbetrag.

c) Ermitteln Sie in einer übersichtlichen Darstellung unter Nennung der Fachbegriffe für den VZ 2020 den Gesamtbetrag der Einkünfte für Bernd Rose.

§ 13   je. ½ v. 19/20 + 20/21   500,- €
§ 18   pausch. A.   30 000,- €

§   30 500,- €

                                     1 800,- €   ⇒ nur bis zur Höhe
                                                   ... auf
                                                   LuF ⇒ 500,-

                                    28 700,- €
                                    30 ...,-

4. Einkünfte aus selbstständiger Arbeit

Aufgabe 8: Arten der Einkünfte

Entscheiden und begründen Sie, ob in den nachfolgenden Fällen Einkünfte aus selbstständiger Arbeit i. S. des § 18 EStG vorliegen.

1. **Steuerberater: ja ☒ nein ☐**

   § 18 Abs. 1 Nr. 1 ein Katalogberuf ✓

2. **Student, der Nachhilfeunterricht erteilt: ja ☒ nein ☐**

   § 18 Abs. 1 Nr. 1 unterrichtende Tätigkeit ausgeübt ✓

3. **Aufsichtsratsmitglied: ja ☒ nein ☐**

   § 18 Abs. 1 Nr. 3 ✓

4. **Zahnarzt mit eigener Praxis: ja ☒ nein ☐**

   § 18 Abs. 1 Nr. 1 ✓

5. **Heilpraktiker: ja ☒ nein ☐**

   § 18 Abs. 1 ✓

6. **Kfz-Sachverständiger: ja ☒ nein ☐**

   § 18 ✓

7. **angestellter Rechtsanwalt: ja ☐ nein ☒**

angestellt = nichtselbständige Tätigkeit §19 ✓

8. **Komponist: ja ☒ nein ☐**

§18 Abs 1 Nr 1 künstlerische Tätigkeit ausgeübt ✓

9. **Apotheker: ja ☒ nein ☐**

§18 Abs 1 Nr 1 ärztlich Heil (erlaubt) (Vertrieb)
↳ §15 ... Heilmittel ... ⇒ §15 ✓

10. **Insolvenzverwalter: ja ☒ nein ☐**

§18 Abs 1 Nr 3 ... (vertr ...)

11. **Fahrlehrer mit eigener Fahrschule: ja ☒ nein ☐**

§18 Abs 1 Nr 1 selbständige Tätigkeit sofern er
selbst unterrichtet ✓

12. **Assistenzarzt in einem Krankenhaus: ja ☐ nein ☐**

Sofern er ... angestellt ist ..., ansonsten
nichtselbständig Tätigkeit gem ... ✓

13. **Testamentsvollstrecker: ja ☐ nein ☐**

§ 18 Abs 1 Nr. 3 ✓

14. **Hebamme: ja ☒ nein ☐**

§ 18 Abs 1 Nr. 1   Heilberuf, selbständig ausgeübt ✓

15. **Peter Nadel betreibt ein Tattoo-Studio in der City von Köln. Da er künstlerisch unbegabt ist, entwirft er keine Mustervorlagen für die Motive, sondern greift auf bestehende Vorlagen zurück, die er sich aus dem Internet ausdruckt: ja ☐ nein ☒**

da nicht "künstlerisch tätig" ⇒ Gew Betrieb § 15 ✓

16. **Kai Bein ist Inhaber eine Tanzschule, die er vor einigen Jahren geerbt hat. Er beschäftigt eine Anzahl von Tanzlehrern, da seine Tanzkenntnisse über den Wiener Walzer nicht hinausgehen. Die Tätigkeit des Kai Bein beschränkt sich daher auf die reine Geschäftsführung der Tanzschule: ja ☐ nein ☒**

keine selbständig ausgeübte Tätigkeit ⇒ vergleichbare Fachkenntnisse
⇒ Betrieb aus ...

5. Einkünfte aus Gewerbebetrieb

Aufgabe 9: Begriff des Gewerbebetriebes

Der Begriff des Gewerbebetriebes beinhaltet nach § 15 Abs. 2 EStG positive und negative Merkmale.

Nennen Sie diese und geben Sie für die positiven Merkmale eine kurze inhaltliche Beschreibung.

Positive Merkmale:

► _Selbständig   ... Teilnahme_ ✓

► _Tätig ...   ... Verkehr_ ✓

► _Ge... ... ... ✓_

► _... ... ..._

Negative Merkmale:

► _... ... ..._ ✓

► _noch ... ... oder ... ..._ ✓

Aufgabe 10: Wirtschaftsjahr bei Gewerbetreibenden

Bei Gewerbetreibenden ist der Gewinn nach dem Wirtschaftsjahr zu ermitteln.
Was ist das Wirtschaftsjahr bei Gewerbetreibenden? Nennen Sie dazu auch die gesetzlichen Grundlagen.

Aufgabe 11: Abweichendes Wirtschaftsjahr

Wie ist der Gewinn aus Gewerbebetrieb bei Gewerbetreibenden mit abweichendem Wirtschaftsjahr bei der
Ermittlung des Einkommens zu berücksichtigen? Nennen Sie dazu auch die gesetzliche Grundlage.

Aufgabe 12: Ermittlung des zu versteuernden Einkommens

Die Eheleute Singer aus Leverkusen geben für den VZ 2020 folgende Besteuerungsgrundlagen an:

- Betrieb einer Fischzucht (Wirtschaftsjahr: 01.07. - 30.06.)
  Wirtschaftsjahr 2019/20:   - 42.000 €
  Wirtschaftsjahr 2020/21:   + 44.600 €

- Betrieb eines Fischimbisses (Wirtschaftsjahr: 01.04. - 31.03.)
  Wirtschaftsjahr 2019/20:   + 2.000 €
  Wirtschaftsjahr 2020/21:   - 4.500 €

- Sonderausgaben   8.000 €
- Einkünfte aus selbstständiger Arbeit   31.000 €
- Außergewöhnliche Belastungen   1.550 €
- Einkünfte aus Vermietung und Verpachtung   20.000 €
- Altersentlastungsbetrag   760 €
- Einkünfte aus Kapitalvermögen   4.000 €

Aufgabe

Ermitteln Sie für die Eheleute Singer für den VZ 2020 in einer übersichtlichen Darstellung das zu versteuernde Einkommen. Nennen Sie hierbei die einschlägigen Fachbegriffe in der gesetzlichen Reihenfolge des § 2 EStG.

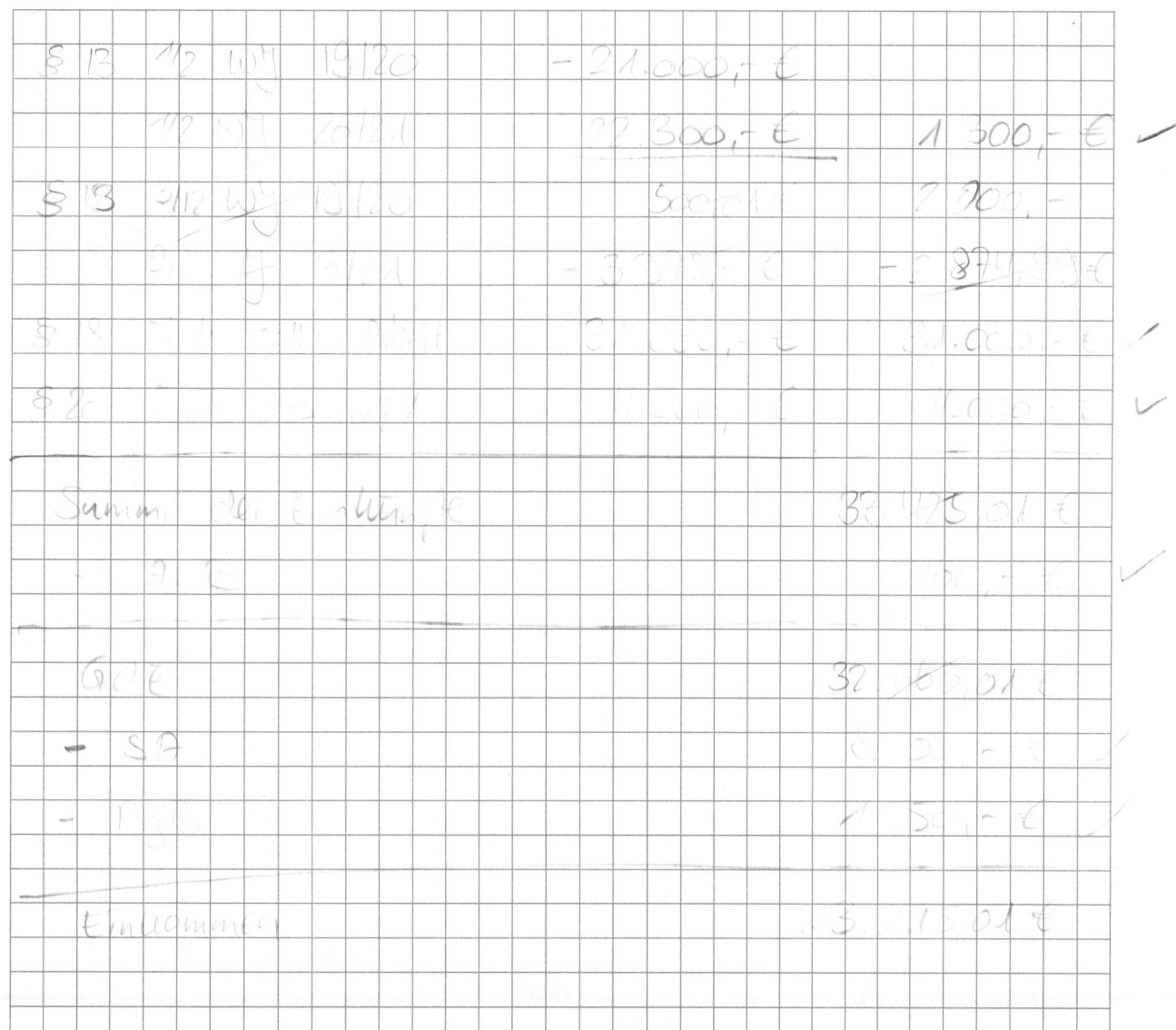

Aufgabe 13: Gewinnverteilung

An der Ernst KG sind die Gesellschafter Peter Ernst, Gerd Span und Bernd Kleff beteiligt. Der handelsrechtliche Gewinn der KG zum 31.12.2020 beträgt insgesamt 240.000,00 €.

Nach dem Gesellschaftsvertrag erhält jeder Gesellschafter 6 % auf seine Einlage, der Rest soll im Verhältnis der Kapitalanteile verteilt werden.

Folgende Vergütungen erfolgten während des Jahres 2020 zu Lasten des handelsrechtlichen Gewinns:

► Peter Ernst erhielt für die Geschäftsführung monatlich 5.000,00 €.

► Gerd Span stellte der KG ein Darlehen ganzjährig i. H. v. 80.000,00 € zur Verfügung, die KG verzinste das Darlehen mit 6 % p. a.

► Bernd Kleff überließ der KG ein Gebäude. Die KG zahlte ihm hierfür eine monatliche Miete von 6.000,00 €.

Aufgabe

Ermitteln Sie in einer übersichtlichen Darstellung die **Gewinnanteile der Gesellschafter** für den VZ 2020. Verwenden Sie für ihre Lösung die nachfolgende Tabelle:

Gesellschafter	Kapital	Verzinsung	Restgewinn	Vorweggewinn	Gewinnanteil
Peter Ernst	300.000,00 €				
Gerd Span	500.000,00 €				
Bernd Kleff	400.000,00 €				
Gesamt	1.200.000,00 €				

Zu welcher Einkunftsart gehört der jeweilige Gewinnanteil? Nennen Sie dazu auch die gesetzliche Grundlage.

Aufgabe 14: Betriebsveräußerung im Ganzen

Elke Sanders (geb. am 12.04.1968) war Inhaberin eines eigenen Friseursalons in Köln. Im Januar 2020 hatte sie einen schweren Reitunfall. Sie ist seitdem zu 100 % erwerbsunfähig. Nachdem sich herausgestellt hatte, dass sie nicht mehr arbeiten kann, hat sie ihren Friseursalon mit Wirkung zum 30.04.2020 veräußert. Der laufende Gewinn bis zum 30.04.2020 betrug 10.000,00 €.

Ihre Bilanz zum 30.04.2020 beinhaltet folgende Werte:

AKTIVA	Bilanz zum 30.04.2020		PASSIVA
Sachanlagevermögen	65.000,00 €	Eigenkapital	31.000,00 €
Warenvorräte	5.000,00 €	Rückstellungen	5.000,00 €
Kasse	1.000,00 €	Verb. ggü. Kreditinstituten	30.000,00 €
Bank	5.000,00 €	sonst. Verbindlichkeiten	10.000,00 €
	76.000,00 €		76.000,00 €

Um den Verkauf des Betriebes schnell abzuwickeln, hat sich Elke Sanders Hilfe bei einer Unternehmensberatung geholt. Dafür hat sie 5.000,00 € netto bezahlt. Es ist für sie die erste Betriebsveräußerung. Die Unternehmensberatung konnte einen Verkaufspreis von 100.000,00 € aushandeln.

Aufgabe

Ermitteln Sie für Elke Sanders die Summe der Einkünfte für den VZ 2020 unter Benennung der Einkunftsart(en). Verwenden Sie dabei die entsprechenden Fachbegriffe.

Alle erforderlichen Anträge gelten als gestellt.

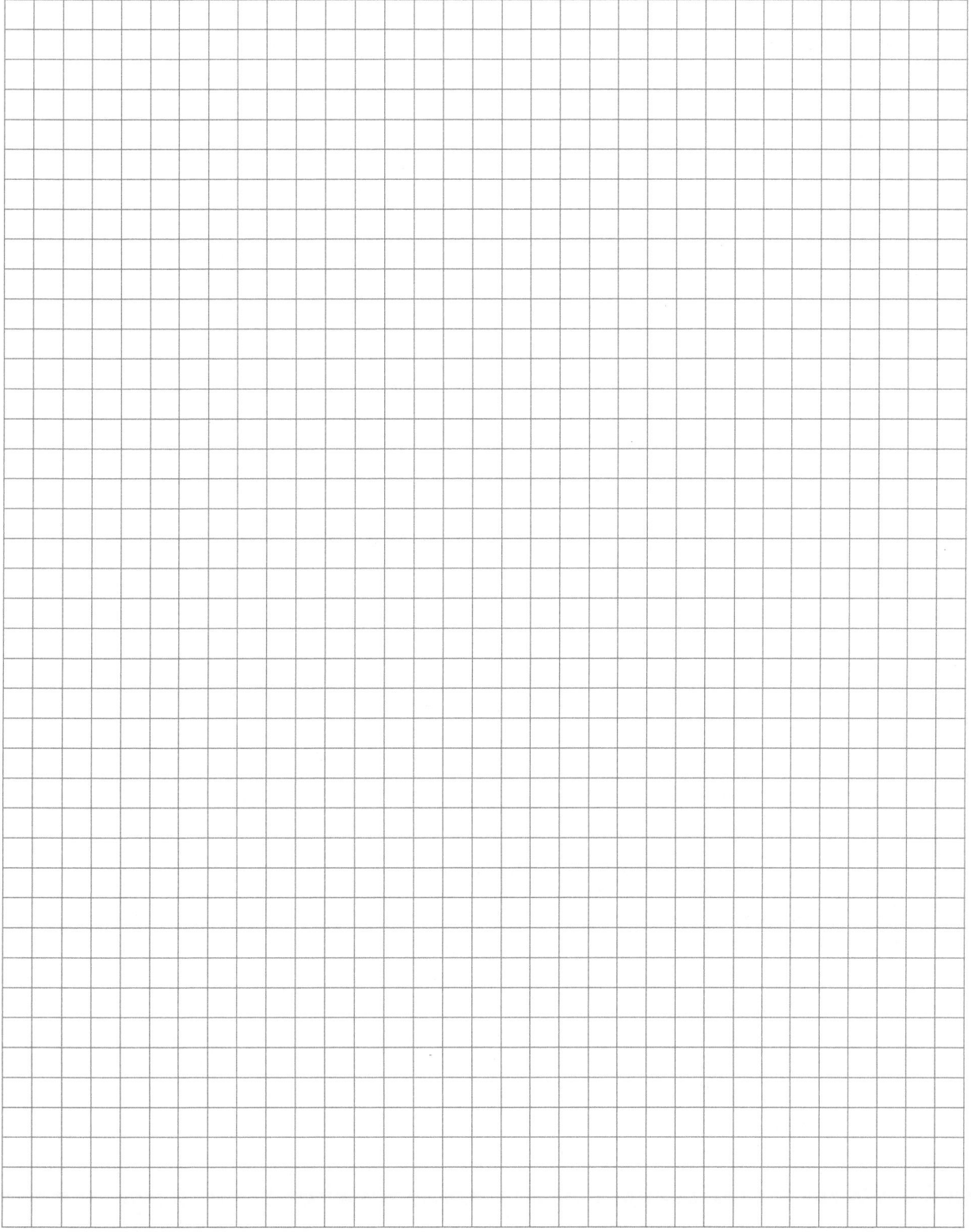

Aufgabe 15: Veräußerung einer freiberuflichen Praxis

Monika Mommsen (geb. am 26.08.1958) war bis zum 30.06.2020 als selbstständige Steuerberaterin tätig. Bis zu diesem Zeitpunkt betrugen ihre Betriebseinnahmen 144.300,00 € und die Betriebsausgaben 77.339,00 €. Mit Wirkung zum 30.06.2020 veräußerte sie ihre freiberufliche Praxis für 180.300,00 €; diesem Veräußerungspreis stand ein Wert des Betriebsvermögens von 30.200,00 € gegenüber. An Veräußerungskosten sind 4.800,00 € entstanden.

Aufgabe
Ermitteln Sie für Monika Mommsen die Summe der Einkünfte für den VZ 2020 unter Benennung der Einkunftsart(en). Verwenden Sie dabei die entsprechenden Fachbegriffe.
Alle erforderlichen Anträge gelten als gestellt.

(Hinweis: andere Veräußerungsgewinne hat es bei Monika Mommsen nicht gegeben und wird es nicht geben.)

6. Begriffe bei den Überschusseinkünften

6.1 Steuerfreie Einnahmen

Aufgabe 16: Steuerfreie Einnahmen

Prüfen Sie die folgenden Sachverhalte mit Hilfe des Einkommensteuergesetzes für den VZ 2020 und tragen Sie Ihre Ergebnisse in die Tabelle ein.

Greift eine Steuerbefreiung, geben Sie den genauen Paragraphen an.

Sachverhalt	nicht steuerbar in €	steuerpflichtig in €	steuerfrei in € mit gesetzlicher Grundlage
a) Herbert Weil verkauft seinen alten Fernsehschrank für 150,00 € über eBay. Weitere Verkäufe tätigte er nicht.			
b) Hugo Pass erhält wegen eines erlittenen Arbeitsunfalls eine jährliche Rente von der Berufsgenossenschaft i. H. v. 3.600,00 €.			
c) Peter Müller ist Angestellter. Um den Gesundheitszustand seiner Mitarbeiter zu fördern, übernimmt sein Arbeitgeber die jährlichen Kosten für ein Fitnesstraining i. H. v. 360,00 €.			
d) Felix Maag ist nebenberuflich Trainer beim Sportclub Gelb-Grün e. V. und erhält vom Verein eine jährliche Aufwandsentschädigung i. H. v. 3.000,00 €.			
e) Doris Groß erhält von ihrem Arbeitgeber einen monatlichen Zuschuss i. H. v. 80,00 € zu ihrem zu zahlenden Kindergartenbeitrag für ihre Tochter Chantal.			
f) Michael Müller erhält von seinem Arbeitgeber einen Zuschuss zum Arbeitslohn anlässlich seiner Hochzeit i. H. v. 500,00 €.			
g) Willi Wutz ist seit August 2020 arbeitslos und erhält von der Bundesagentur für Arbeit ein monatliches Arbeitslosengeld i. H. v. 800,00 €.			
h) Die Industriekauffrau Beate Krug erhält von ihrem Arbeitgeber seit Januar 2020 neben ihrem Arbeitslohn kostenlos ein Smartphone gestellt. Die monatlichen Kosten i. H. v. 40,00 € übernimmt der Arbeitgeber.			

6.2 Zu- und Abflussprinzip

Aufgabe 17: Zu- und Abfluss von Einnahmen und Ausgaben

Entscheiden und begründen Sie kurz, in welchem Veranlagungszeitraum (VZ) die Beiträge vereinnahmt und verausgabt worden sind.

1. Pia Wörner hat ihren Krankenversicherungsbeitrag für den Monat Dezember 2019, fällig Mitte des Monats, erst am 07.01.2020 überwiesen.

2. Der Mieter Jens Paulsen, der für einige Zeit verreisen will, zahlt bereits am 27.12.2019 seine Miete für Januar 2020, die zu Monatsbeginn fällig ist.

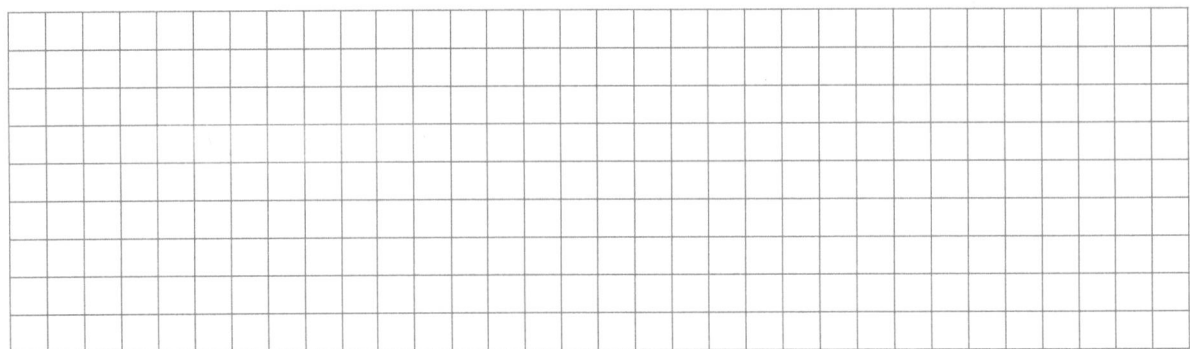

3. Der Rechtsanwalt Dr. Juris zahlte am 28.12.2019 die Miete für die Kanzleiräume i. H. v. monatlich 2.500,00 €, fällig zu Beginn eines Monats, für ein Jahr im Voraus.

4. Hannelore Maus hat die Zinsen für ihr Sparbuch erst am 26.02.2020 in ihrem Sparbuch gutschreiben lassen. Es handelt sich um Zinsen für das Kalenderjahr 2019.

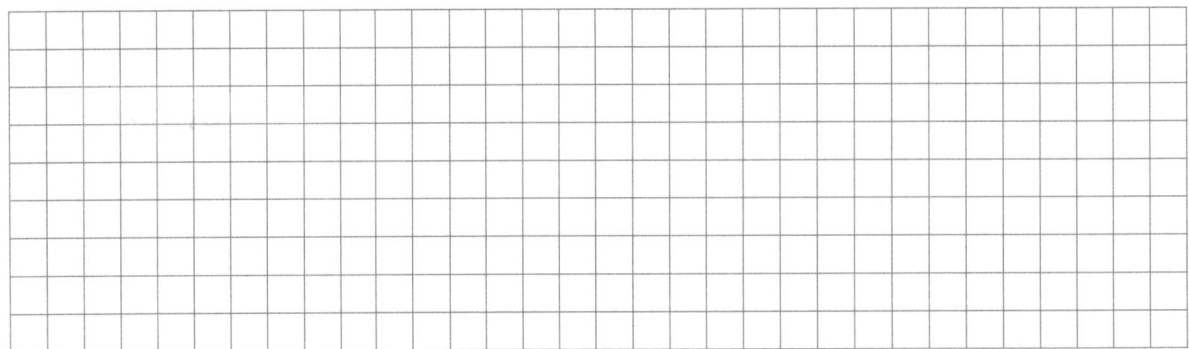

5. Der Arbeitnehmer Stefan Elster erhielt erst am 14.01.2020 seinen am 31.12.2019 fälligen laufenden Arbeitslohn für den Monat Dezember 2019 ausbezahlt, weil er für einige Tage verreist war.

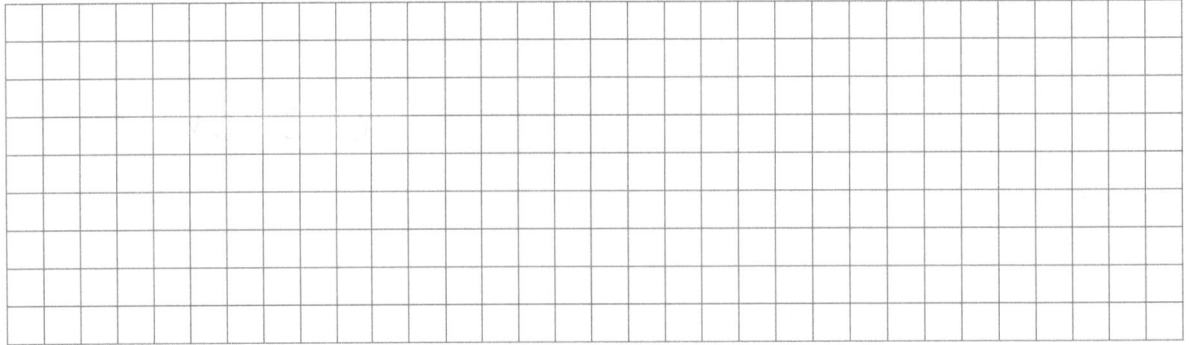

7. Einkünfte aus nichtselbstständiger Arbeit

Aufgabe 18: Bruttogehalt: Dienstwohnung, Personalrabatt

Fritz Michel ist Inhaber eines Einzelhandelsgeschäfts für Elektrogeräte aller Art in Dortmund.
Zum 01.12.2019 hat er den Fachverkäufer Peter Kurz in Vollzeit eingestellt.

Aus dem Arbeitsvertrag gehen folgende Regelungen für die Berechnung des Bruttogehalts hervor:

- **Bruttogehalt:** 2.800,00 €

- **Dienstwohnung:** Peter Kurz wohnt das ganze Jahr in einer 95 m² großen Dienstwohnung. Er zahlt hierfür eine Kaltmiete i. H. v. 237,50 € monatlich zuzüglich 150,00 € Nebenkosten. Die marktübliche Miete lt. Mietspiegel würde 6,50 € pro m² betragen.

- **Personalrabatt:** Peter Kurz erhält auf alle Einkäufe im Geschäft von Fritz Michel einen Personalrabatt i. H. v. 30 % auf den Bruttoverkaufspreis.

- **Urlaubsgeld:** Nach Ablauf der 3-monatigen Probezeit wird ein Urlaubsgeld i. H. v. 25 % des Bruttogehalts mit der Gehaltsabrechnung für den Monat Mai 2020 gezahlt.

Am 01.05.2020 erwarb Peter Kurz im Geschäft seines Arbeitgebers eine Waschmaschine und einen Wäschetrockner mit einem Gesamtbruttoverkaufspreis i. H. v. 1.400,00 €. Im Januar 2020 hatte er bereits Waren für insgesamt 3.000,00 € (brutto) erworben. Die Bezahlung des Einkaufs im Mai 2020 soll über die Gehaltsabrechnung Mai 2020 erfolgen. Die Pauschalierung der Lohnsteuer soll **nicht** vorgenommen werden.

Aufgabe

Ermitteln Sie in einer übersichtlichen Darstellung das steuer- und sozialversicherungspflichtige Bruttogehalt für Peter Kurz für den Monat Mai 2020.

Aufgabe 19: Zufluss, Aufmerksamkeiten, Steuerbefreiung, Firmenfahrzeug

Seit dem 01.03.2017 ist Anja Kruse bei der Meier GmbH beschäftigt. Im VZ 2020 wurden ihr für Januar bis einschl. November Monatsgehälter von jeweils 1.978,00 € (pünktlich zum 1. des jeweiligen Monats) auf ihr Girokonto überwiesen.

Die einbehaltenen Steuerbeträge (LSt, KiSt und SolZ) betragen monatlich 480,00 €; der Arbeitnehmeranteil zur gesetzlichen Sozialversicherung beträgt monatlich 558,00 €. Das Urlaubsgeld i. H. v. 989,00 € (brutto) erhielt sie am 15.07.2020 überwiesen. Das Gehalt für Dezember 2020 und das Weihnachtsgeld von 1.978,00 € (netto) wurden ihr wegen eines Defektes in der EDV-Anlage irrtümlich erst am 05.01.2021 ausbezahlt.

Außerdem erhält sie ein Smartphone gestellt, dessen monatliche Aufwendungen i. H. v. insgesamt 30,00 € von der Meier GmbH übernommen werden. Anja Kruse darf das Handy auch privat nutzen.

Zu ihrem Geburtstag erhielt sie von ihrem Arbeitgeber im März 2020 einen Blumenstrauß im Wert von 45,00 € geschenkt.

Zusätzlich stellt ihr der Arbeitgeber ganzjährig ein Firmenfahrzeug zur Verfügung (Bruttolistenpreis: 25.090,00 €), das sie für private Fahrten und für Fahrten zwischen Wohnung und erster Tätigkeitsstätte (einf. Entfernung: 10 km) nutzen darf. Der Arbeitgeber macht von der Pauschalierung keinen Gebrauch.

Aufgabe
Ermitteln Sie in einer übersichtlichen Darstellung die Einnahmen aus nichtselbstständiger Arbeit für den VZ 2020. Nichtansätze sind mit „0" zu kennzeichnen und kurz zu begründen.

Aufgabe 20: Versorgungsfreibetrag, Pauschbeträge

Karl Krause war bis zum 30.09.2020 als Beamter tätig und erhielt in dieser Zeit ein Bruttogehalt von 3.000,00 € monatlich. Am 01.10.2020 ging er in den vorzeitigen Ruhestand und erhält seitdem Versorgungsbezüge von monatlich 2.100,00 €.

Im Dezember 2020 erhielt er eine einmalige rechtlich zugesicherte Sonderzahlung von 1.000,00 €.

Aufgabe

Ermitteln Sie in einer übersichtlichen Darstellung die Einkünfte aus nichtselbstständiger Arbeit für den VZ 2020.

Aufgabe 21: Versorgungsfreibetrag, Werbungskosten

Paul Schön (geboren am 03.09.1955) war bis zu seiner Pensionierung am 01.10.2020 Lehrer an einem Gymnasium in Münster. Der Arbeitslohn des zu 70 % schwerbehinderten Beamten betrug bis September 2020 monatlich 4.100,00 €. Ab Oktober 2020 erhielt er monatliche Versorgungsbezüge i. H. v. 2.850,00 €.

Paul Schön fuhr in seiner aktiven Zeit an 150 Tagen mit dem eigenen PKW zur 18 km entfernten Dienststelle.

Für seine Tätigkeit als Lehrer macht er noch folgende Aufwendungen geltend:

- Anschaffung von Fachliteratur i. H. v. insgesamt 245,00 €. Darin enthalten ist ein Lehrbuch im Wert von 45,00 €, das er am 28.12.2019 erhalten hatte, aber erst am 06.01.2020 bezahlt wurde
- Anschaffung eines Bürostuhls am 03.02.2020 im Wert von 963,90 € brutto lt. Rechnung. Herr Schön bezahlte unter Abzug von 3 % Skonto am 05.02.2020
- Nachgewiesene Aufwendungen für das selbst genutzte Einfamilienhaus i. H. v. insgesamt 18.000,00 €, von denen unstrittig auf das häusliche Arbeitszimmer 1.800,00 € entfielen. Herr Schön verfügte in der Schule nicht über einen eigenen Arbeitsplatz
- für die Reinigung seiner im Dienst getragenen Anzüge wendete er im VZ 2020 insgesamt 90,00 € auf
- die Kontoführungsgebühren werden pauschal mit 16,00 € geltend gemacht.

Schließlich nahm Paul Schön vom 09. bis 12.02.2020 an einer Fortbildung in Dülmen teil, bei der folgende Reisekosten entstanden sind:

- Fahrtkosten: Die einfache Entfernung von zu Hause zum Seminarort betrug 45 km. Paul Schön fuhr an allen vier Tagen mit dem eigenen PKW zum Fortbildungsort
- Er verließ jeden Morgen das Haus um 06:30 Uhr und kehrte täglich um 19:30 Uhr zurück.

Der Arbeitgeber erstattete keine Reisekosten, Verpflegung wurde nicht gestellt.

Aufgabe
Ermitteln Sie für Paul Schön in einer übersichtlichen Darstellung die Einkünfte aus nichtselbstständiger Arbeit für den VZ 2020. Die Einkünfte können auf volle € abgerundet werden. Nichtansätze sind kurz zu begründen.

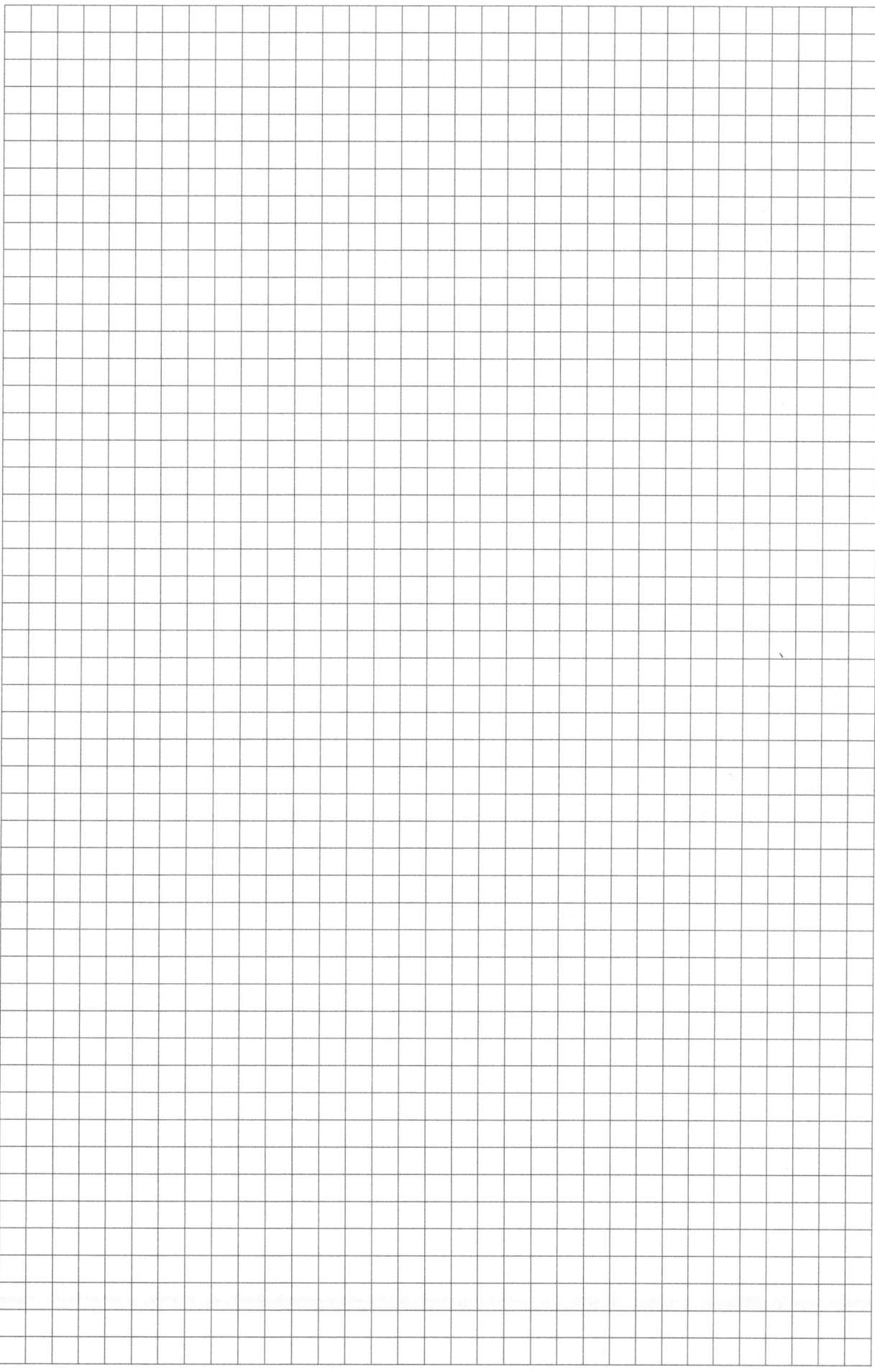

Aufgabe 22: Betriebsausflug, öffentliche Verkehrsmittel, Arbeitsmittel

Eva Heuer hat als kaufmännische Geschäftsführerin der Ladys-Fitness-GmbH, einem Fitness-Studio in Frankfurt, im VZ 2020 einen Bruttoarbeitslohn i. H. v. 64.016,00 € bezogen.

Im Mai 2020 lud ihr Arbeitgeber die gesamte Belegschaft zu einem Betriebsausflug ein. Der zutreffend ermittelte Wert der Veranstaltung pro Teilnehmer betrug 100,00 €. Es gab im Jahr 2020 keine weiteren betrieblichen Veranstaltungen.

Der Arbeitgeber hat Eva Heuer einen PC nebst Farbdrucker und Scanner im Wert von 2.000,00 € überlassen. Der PC darf ausdrücklich auch für private Zwecke genutzt werden.
Der geldwerte Vorteil der privaten Nutzung im VZ 2020 beträgt 160,00 €.

Im VZ 2020 fuhr sie an insgesamt 180 Arbeitstagen mit öffentlichen Verkehrsmitteln (Deutsche Bahn) von ihrer Wohnung zu ihrem Büro in Frankfurt. Hierfür benutzte Eva Heuer die Bahncard 100, die sie Anfang Januar 2020 zu einem Preis von 4.050,00 € erworben hatte. Die einfache Entfernung zwischen Wohnung und Arbeitsstätte beträgt 175 km.

Für sportlich modische Kostüme, die Eva Heuer primär aus beruflichen Gründen erworben hat, entstanden ihr im VZ 2020 Aufwendungen i. H. v. 2.016,00 €.

Der Arbeitgeber gestattet ihr, einen Tag in der Woche von zu Hause aus arbeiten zu können. Hierfür hat sich Eva Heuer in ihrer Wohnung ein kleines Arbeitszimmer eingerichtet.

Folgende Aufwendungen sind im VZ 2020 entstanden:

- anteilige laufende Kosten für das Arbeitszimmer   1.400,00 € (brutto),
- Schreibtisch (angeschafft am 02.05.2020,
  Nutzungsdauer: 10 Jahre)   960,00 € (brutto),
- Schreibtischstuhl (angeschafft am 02.05.2020,
  Nutzungsdauer: 10 Jahre)   640,00 € (brutto).

Neben der Kontoführungspauschale werden keine weiteren Werbungskosten geltend gemacht.

Aufgabe
Ermitteln Sie für den VZ 2020 in einer übersichtlichen Darstellung die Höhe der Einkünfte aus nichtselbstständiger Arbeit. Nichtansätze sind kurz zu begründen und mit 0 € auszuweisen.

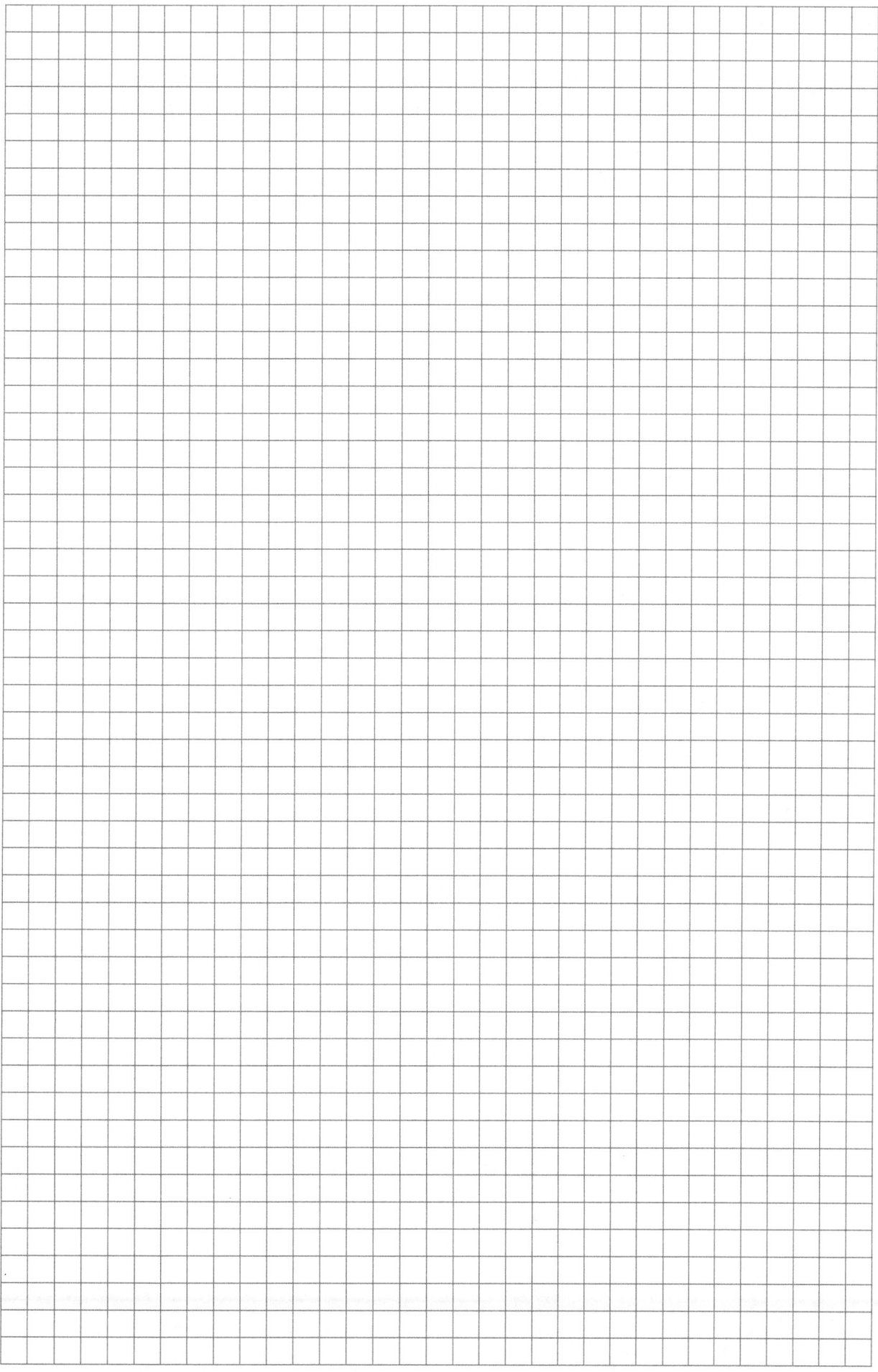

8. Einkünfte aus Kapitalvermögen

Aufgabe 23: Freistellungsauftrag, tatsächliche Werbungskosten

Der ledige und konfessionslose Axel Schweiß wohnt seit Jahren in Mainz. Er unterhält bei der Sparkasse Mainz und bei der Mainzer Volksbank jeweils ein Festgeldkonto. Er hat nur der Sparkasse Mainz einen gültigen Freistellungsauftrag in maximaler Höhe erteilt.

Im VZ 2020 erhielt Axel Schweiß von der Sparkasse Mainz Festgeldzinsen i. H. v. 500,00 € (brutto) und von der Mainzer Volksbank ebenfalls Festgeldzinsen i. H. v. 400,00 € (brutto).

Aufgaben

a) Geben Sie unter Angabe der **genauen** gesetzlichen Grundlage die Einkunftsart an, berechnen Sie in einer übersichtlichen Darstellung die Beträge, die die Kreditinstitute dem Axel Schweiß gutschreiben und ermitteln Sie die Höhe der Einkünfte für den VZ 2020 dem Grunde nach.

Einkunftsart mit gesetzlicher Grundlage:

Zinsgutschrift Sparkasse Mainz:

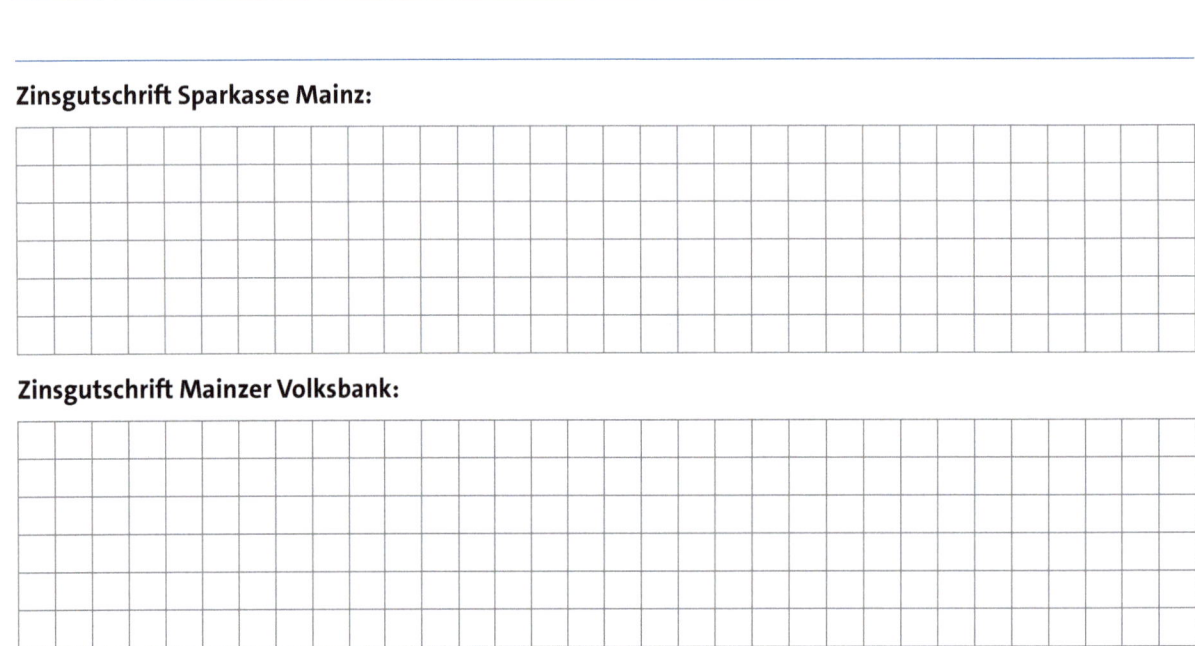

Zinsgutschrift Mainzer Volksbank:

b) Muss Axel Schweiß die Einkünfte in seiner ESt-Erklärung 2020 angeben oder sind diese mit dem Steuerabzug abgegolten? Geben Sie die gesetzliche Grundlage an.

c) An Depotgebühren musste Axel Schweiß im VZ 2020 insgesamt 95,00 € bezahlen.
Prüfen und begründen Sie – auch unter Angabe der gesetzlichen Grundlage –, ob er diese einkommensteuerlich geltend machen kann.

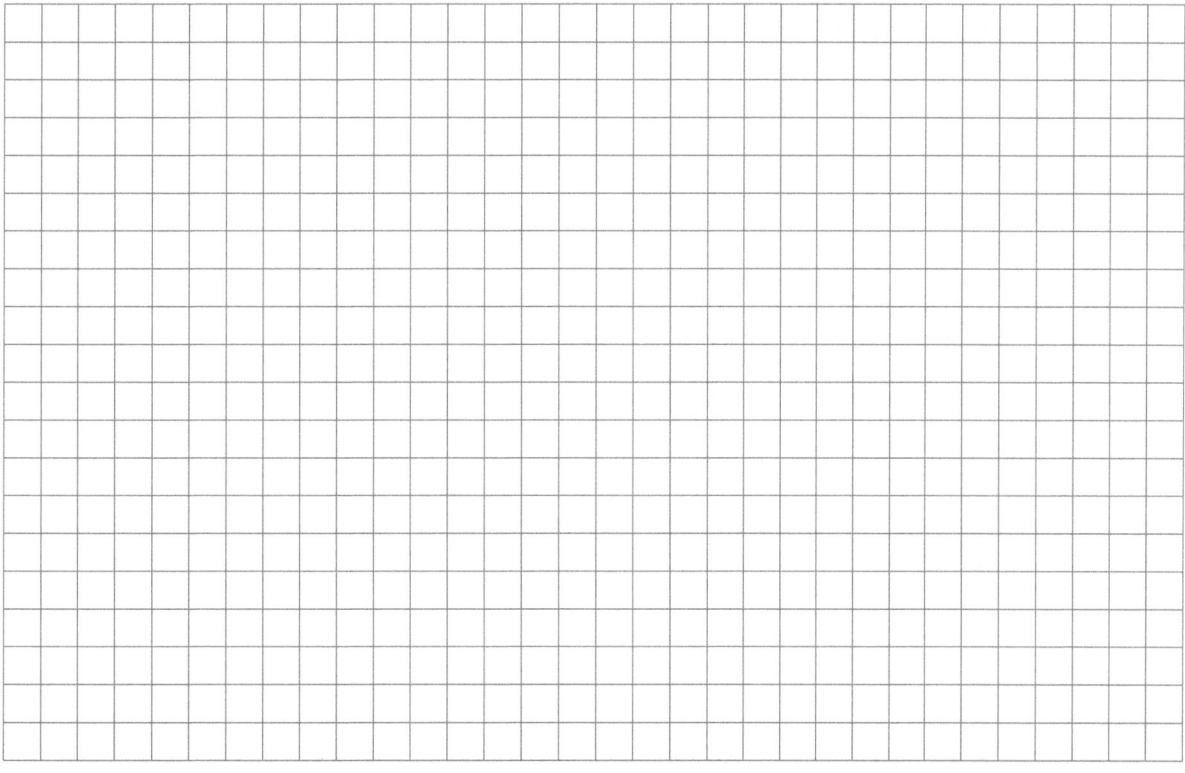

d) Welche steuerliche Empfehlung würden Sie dem Axel Schweiß dem Grunde nach geben, damit er sein steuerliches Ergebnis möglicherweise verbessern könnte? Begründen Sie Ihre Entscheidung und nennen Sie die gesetzliche Grundlage.

(Hinweis: keine €-Angabe erforderlich!)

Aufgabe 24: Dividenden, stiller Gesellschafter, Aktienverkauf, Zinsen

Der ledige Willi Wutz hat seinen Wohnsitz in Essen und macht für den VZ 2020 folgende Angaben:

► Willi Wutz ist zu 25 % an der Schneider GmbH beteiligt. Er hält die Beteiligung in seinem Privatvermögen. Nach Abzug von 25 % Kapitalertragsteuer und 5,5 % Solidaritätszuschlag wurde ihm im Mai 2020 ein Gewinnanteil i. H. v. 2.208,75 € auf seinem Privatkonto gutgeschrieben.

► Weiterhin ist Willi Wutz als stiller Gesellschafter an der Pannemann OHG mit 15 % beteiligt. Die OHG hat im Wirtschaftsjahr 2019 einen Gewinn von 100.000,00 € erzielt. Der Gewinnanteil wurde am 04.08.2020 ausgezahlt. Willi Wutz ist weder am Betriebsvermögen noch an den stillen Reserven der Pannemann OHG beteiligt.

Willi Wutz gewährte der Pannemann OHG bereits im VZ 2018 ein Fälligkeitsdarlehen i. H. v. 50.000,00 €. Der vereinbarte Zinssatz beträgt 2,0 % p. a.

Die Zinsauszahlung erfolgt jeweils zum 31.12. des aktuellen Jahres.

Für die Finanzierung der Beteiligung und der Darlehensgewährung nahm Willi Wutz selbst einen Kredit bei seiner Hausbank auf. Er zahlte neben der Tilgung im VZ 2020 folgende Zinsen:

Finanzierung der Beteiligung   1.000,00 €

Finanzierung des Darlehens   500,00 €

► Am 23.01.2020 hatte Willi Wutz 100 Aktien der deutschen B-AG zum Kurs von 27,00 € je Stück erworben. Die Bank berechnete für Provision und Maklercourtage 1,08 % vom Kurswert. Am 16.09.2020 veräußerte er das gesamte Aktienpaket für 3.500,00 €. An Spesen fielen ebenfalls 1,08 % an.

► Von seiner Bank erhielt Willi Wutz Sparbuchzinsen für 2020, die i. H. v. 100,00 € seinem Sparbuch am 18.01.2021 gutgeschrieben wurden. Er hatte der Bank einen Freistellungsauftrag über 100,00 € erteilt.

Aufgabe
Berechnen Sie in einer übersichtlichen Darstellung für Willi Wutz die Höhe der Einkünfte aus Kapitalvermögen für den VZ 2020.

(Hinweis: Willi Wutz beantragt die Kapitalerträge in die Veranlagung mit einzubeziehen, da der Grenzsteuersatz kleiner als 25 % ist.)

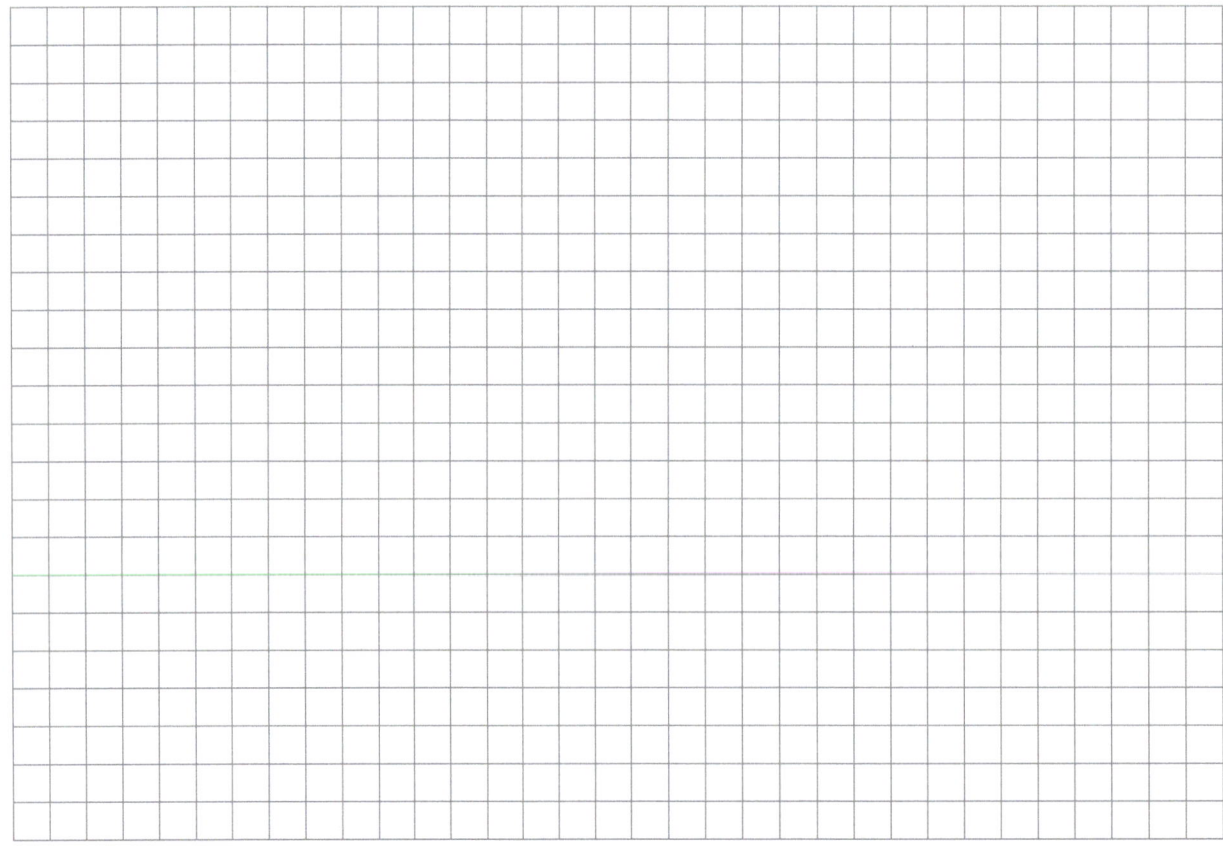

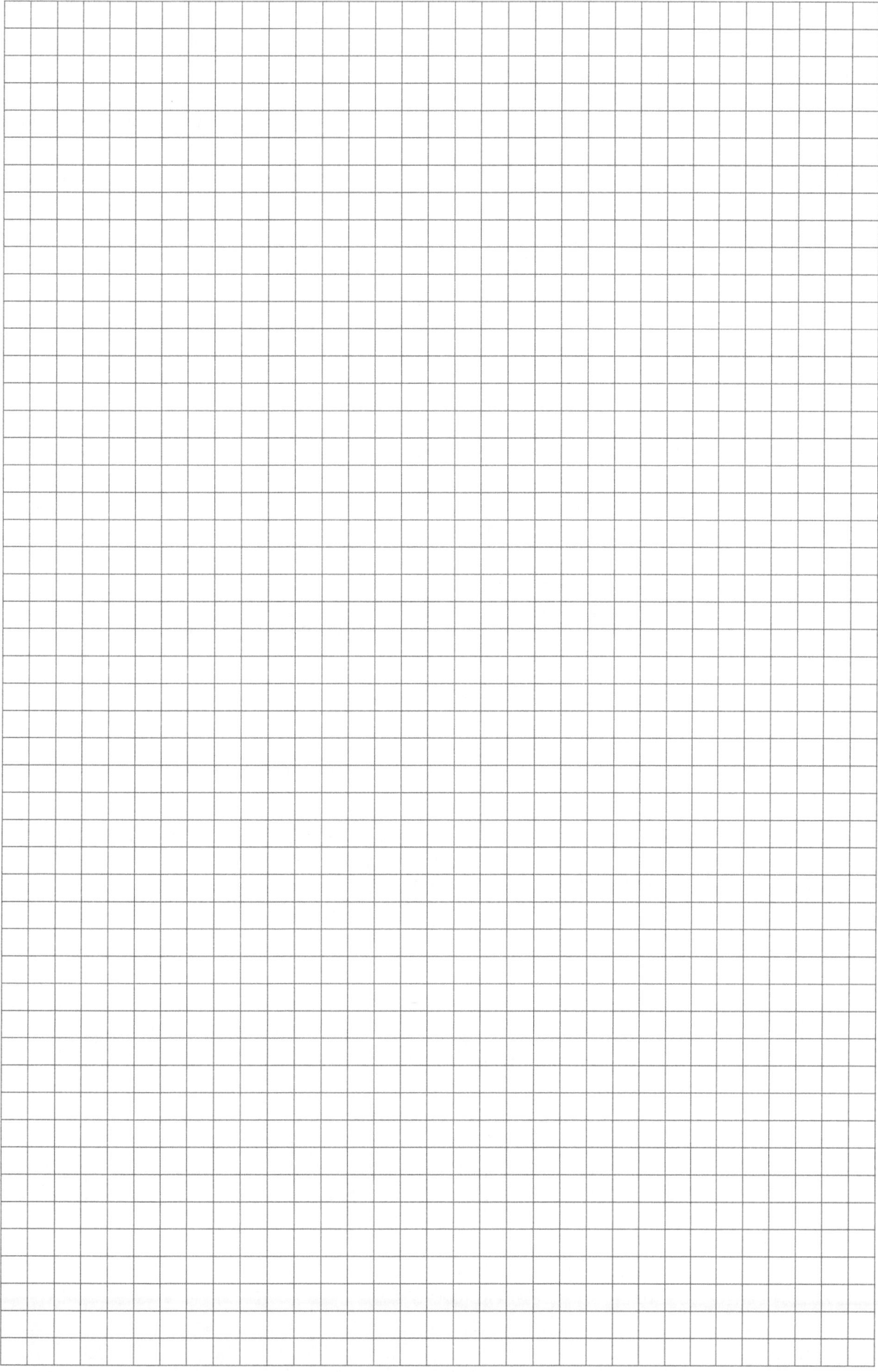

Aufgabe 25: Abgeltungsprinzip, Fälle des § 32d EStG, Teileinkünfteverfahren

Peter G. Döns macht für den VZ 2020 mit den erforderlichen Belegen und Nachweisen folgende Angaben:

▸ Zinsgutschrift auf dem privaten Bankkonto:

		Kontoauszug zum 30.09.2020
Kontonummer 30030033	**Erstellungsdatum** 30.09.2020	**Beträge**
Buchungstag 30.09.2020	**Vorgang** Festgeldzinsen	3.000,00 €
	25 % Kapitalertragsteuer	549,75 €
	5,5 % Solidaritätszuschlag	30,23 €
		2.420,02 € +
	(berücksichtigter Freistellungsauftrag: 801,00 €)	

▸ Zinsgutschrift aus einem Privatdarlehen an einen Nachbarn   2.000,00 €

▸ Zinsgutschrift aus einem Privatdarlehen an seinen Bruder.   1.000,00 €
Der Bruder macht die gezahlten Zinsen als Werbungskosten bei
seinen Einkünften aus Vermietung und Verpachtung geltend.

▸ Peter G. Döns ist zu 30 % an der Schneider GmbH beteiligt.
Er hält die Beteiligung in seinem Privatvermögen.
Nach Abzug von 25 % Kapitalertragsteuer und 5,5 % Solidaritätszuschlag wurde ihm
im Mai 2020 ein Gewinnanteil i. H. v. 18.406,25 € auf seinem Privatkonto gutgeschrieben.
Eine ordnungsgemäße Steuerbescheinigung liegt vor.
Im Zusammenhang mit dem Gewinnanteil kann Peter G. Döns tatsächlich
entstandene Aufwendungen i. H. v. insgesamt 250,00 € nachweisen.

Aufgabe
Ermitteln Sie für Peter G. Döns für den VZ 2020 in einer übersichtlichen Darstellung die Einkünfte aus Kapitalvermögen.

Gehen Sie bei der Lösung davon aus, dass ein Antrag auf Günstigerprüfung nach § 32d Abs. 6 EStG nicht gestellt wird, ansonsten aber alle erforderlichen Anträge vorliegen. Dies gilt insbesondere für einen Antrag nach § 32d Abs. 2 Nr. 3 EStG für die Anwendung des Teileinkünfteverfahrens.

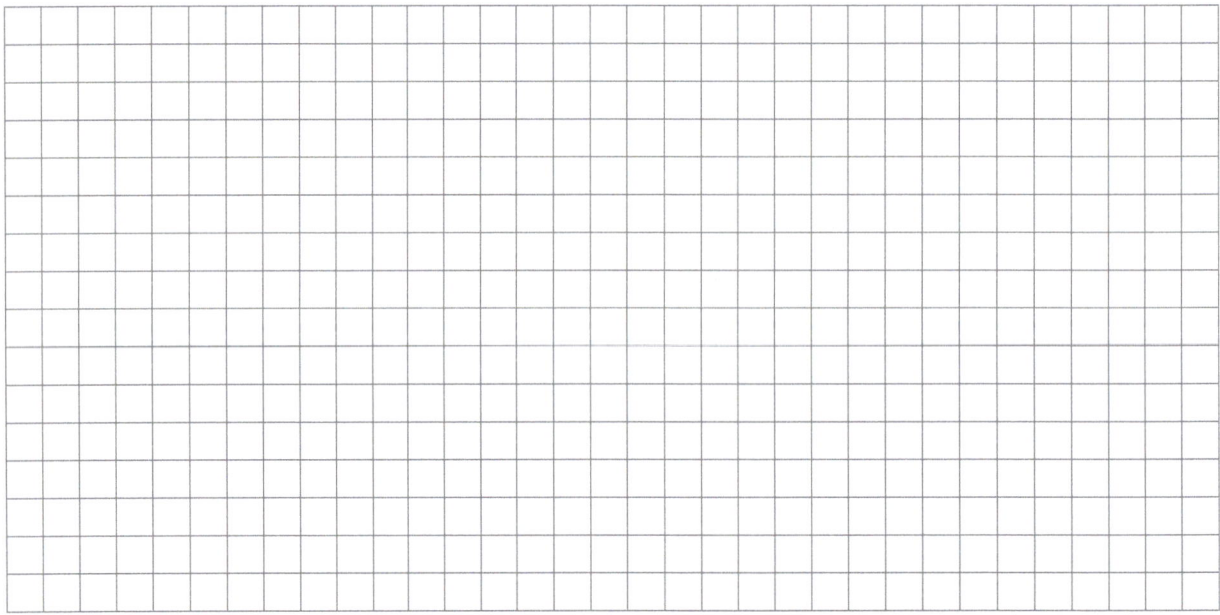

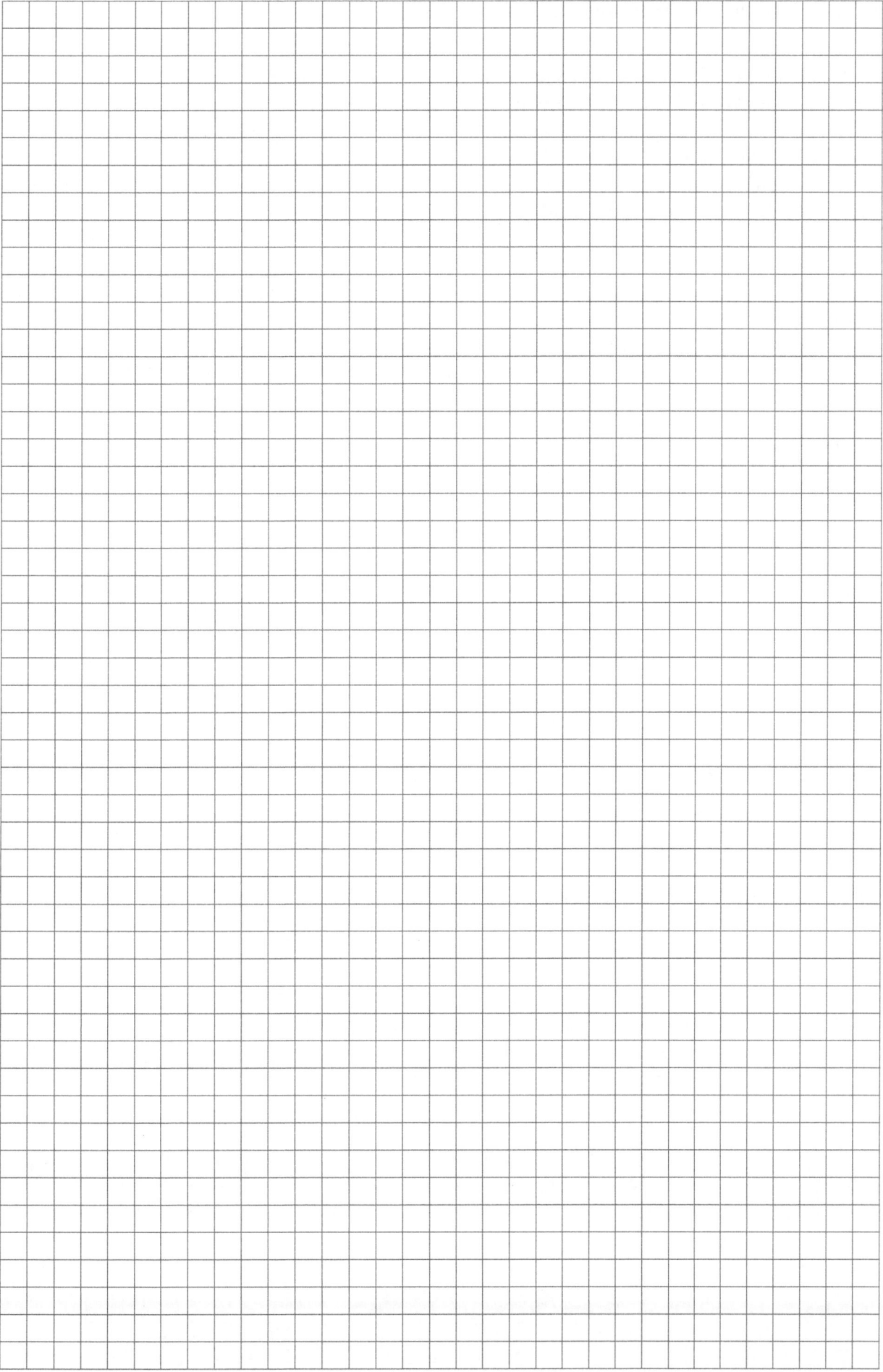

9. Einkünfte aus Vermietung und Verpachtung

Aufgabe 26: Einnahmen, Zu- und Abflussprinzip, 10-Tages-Regelung

Der Steuerpflichtige ist Eigentümer eines Mehrfamilienhauses in Leverkusen.
Das Gebäude wird im VZ 2020 wie folgt genutzt:

▶ Das Erdgeschoss ist ganzjährig an einen Arzt für dessen Praxis für monatlich 1.500,00 € vermietet. Am 30.12.2020 zahlte der Arzt die gesamte Miete für 2021 im Voraus, um seinen Gewinn für 2020 zu mindern.

▶ Das 1. Obergeschoss ist ab dem 01.09.2020 als Wohnung für monatlich 500,00 € vermietet. Ortsüblich sind 1.000,00 €. An Kaution entrichtete der Mieter bei Schlüsselübergabe am 28.08.2020 in bar 1.000,00 €.

▶ Das 2. Obergeschoss dient im VZ 2020 eigenen Wohnzwecken; der monatliche Mietwert lt. Mietspiegel beträgt 1.000,00 €.

▶ Aus der Vermietung einer Garage wurden im VZ 2020 insgesamt 700 € und aus der Vermietung einer Werbefläche insgesamt 400,00 € vereinnahmt.

▶ Die umlagefähigen Hauskosten betragen für 2020 insgesamt 2.000,00 €. Davon wurden den Mietern in 2020 insgesamt 1.500,00 € und in 2021 insgesamt 500,00 € berechnet. Außerdem haben die Mieter in 2020 restliche Umlagen für 2019 i. H. v. 900 € gezahlt.

Aufgabe

Ermitteln Sie in einer übersichtlichen Darstellung für den VZ 2020 die Einnahmen aus Vermietung und Verpachtung und begründen Sie Ihre Entscheidungen.

Aufgabe 27: Finanzierungskosten, Anschaffungskosten

Mit notariellem Kaufvertrag vom 07.09.2020 hat Michael Blume das bebaute Grundstück „Leverkusen, Goetheplatz 7" (Baujahr 1970) erworben. Der Übergang von Besitz, Nutzungen und Lasten wurde auf dem 01.10.2020 vereinbart. Der Kaufpreis beträgt 375.000,00 €; hiervon entfallen 125.000,00 € auf den Wert des Grund und Bodens. Der Kaufpreis wurde durch die Aufnahme eines Grundschulddarlehens i. H. v. 375.000,00 € (100 % Auszahlung, zwei Jahre tilgungsfrei) finanziert.

Michael Blume hat das gesamte erworbene Objekt ab dem 01.10.2020 für monatlich 4.760,00 € an einen Zahnarzt für seine Praxisräume vermietet. Die durch den Arztbetrieb entstehenden Aufwendungen für Strom, Wasser und Heizung werden vom Mieter direkt mit den jeweiligen Versorgungsunternehmen abgerechnet.

Kontoauszug der Sparkasse Leverkusen für Michael Blume:

Datum	Erläuterungen		Wert	
Kontostand in EUR am 29.09.2020, Auszug Nr. 64				12.517,00 +
30.09.	Bareinzahlung	30.09.		25.000,00 +
30.09.	Darlehensauszahlung Kto. 6000 1234	30.09.		375.000,00 +
01.10.	Kaufpreis Goetheplatz 7	01.10.		375.000,00 -
03.10.	Notar/Beurkundung Kaufvertrag 2.856,00 € (inkl. 456,00 € USt)	03.10.		2.856,00 -
03.10.	Miete Goetheplatz 7 (4.000,00 € + 760,00 € USt)	03.10.		4.760,00 +
03.10.	Gebäudeversicherung Goetheplatz 7 Jahresbetrag 01.10.2020 - 30.09.2021	03.10.		1.220,00 -
05.10.	Grunderwerbsteuer Finanzamt Leverkusen	05.10.		24.375,00 -
06.10.	Notar/Grundschuldbestellung 1.309,00 € (inkl. 209,00 € USt)	06.10.		1.309,00 -
29.10.	Darlehenszinsen 6000 1234	29.10.		1.875,00 -
02.11.	Miete Goetheplatz 7 (4.000,00 € + 760,00 € USt)	02.11.		4.760,00 +
09.11.	Gerichtskosten Amtsgericht Leverkusen Eigentumsänderung	09.11.		1.329,00 -
16.11.	Grundbesitzabgaben Stadt Leverkusen, IV. Quartal 2020	16.11.		326,00 -
30.11.	Darlehenszinsen 6000 1234	30.11.		1.875,00 -
01.12.	Miete Goetheplatz 7 (4.000,00 € + 760,00 € USt)	01.12.		4.760,00 +
15.12.	Handwerkerrechnung (Reparatur Goetheplatz 7) 476,00 € (inkl. 76,00 € USt)	15.12.		476,00 -
21.12.	Gerichtskosten Amtsgericht Leverkusen Grundschuldbestellung	21.12.		790,00 -
30.12.	Darlehenszinsen 6000 1234	30.12.		1.875,00 +
Kontostand in EUR am 30.12.2020, 10:30 Uhr				**13.491,00 +**

Aufgabe
Ermitteln Sie in einer übersichtlichen Darstellung für den VZ 2020 die Einkünfte aus Vermietung und Verpachtung.

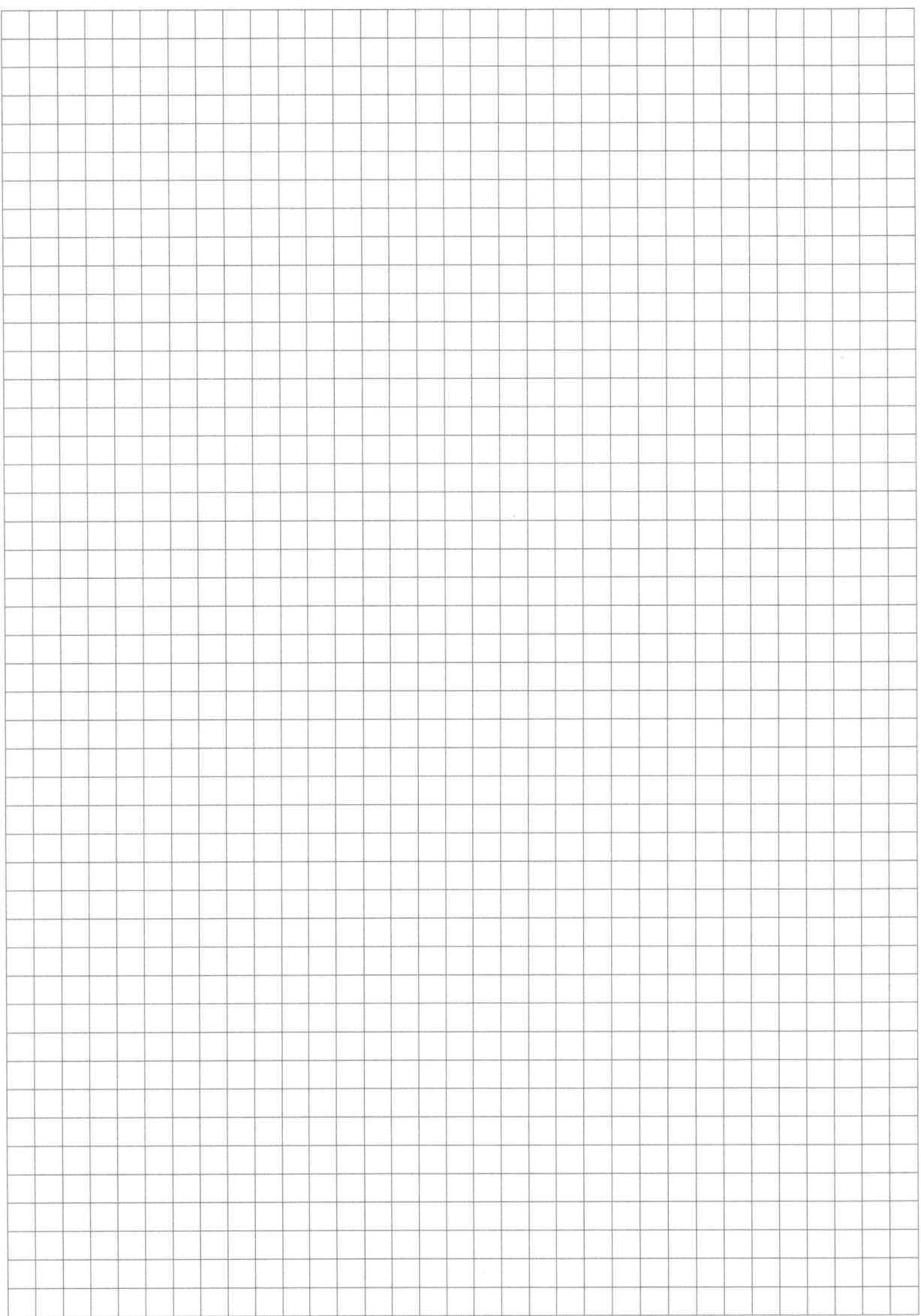

Aufgabe 28: Herstellungskosten

Im Laufe des Jahres 2020 errichtete Andreas Adams auf eigenem Grund und Boden ein Mehrfamilienhaus. Das Gebäude wurde noch im Jahre 2020 fertiggestellt (Bauschlussabnahme: 21.12.2020) und ab Januar 2021 erstmalig komplett zu Wohnzwecken fremdvermietet.

Folgende Aufwendungen werden belegmäßig nachgewiesen:

- Planungskosten für das Gebäude (Architektenleistung) brutto   59.500,00 €
- Erschließungskosten (Straßenanliegerbeitrag) des Grundstücks   20.000,00 €
- Baukosten (Handwerkerrechnungen) brutto   952.000,00 €

Kreditkosten:

- Darlehensaufnahme am 01.10.2020 über 500.000,00 €
  Bankgutschrift des Auszahlungsbetrages unter Abzug eines Disagios   490.000,00 €
- Bankbelastung der Zins- und Tilgungsleistungen zum 31.12.2020
  der Tilgungsanteil davon beträgt 2.500,00 €   8.125,00 €

Weitere Aufwendungen:

100 ordnungsgemäß nachgewiesene Fahrten zur 25 km entfernten Baustelle (einfache Entfernung) zur Überwachung des Baufortschritts.

Aufgabe

Ermitteln Sie in einer übersichtlichen Darstellung für Andreas Adams für den VZ 2020 die Einkünfte aus Vermietung und Verpachtung.

Aufgabe 29: Teilweise Nutzung zu eigenen Wohnzwecken

Rosa Schlüpfer ist Eigentümerin eines in Köln gelegenen Mehrfamilienhauses (Baujahr 2001). Sie hat das Mehrfamilienhaus in 2011 für 260.000,00 € erworben; hiervon entfallen 60.000,00 € auf den Grund und Boden. Das Haus besteht aus sechs gleich großen Wohnungen. Eine Wohnung im Erdgeschoss wird von Rosa Schlüpfer selbst genutzt; die anderen Wohnungen sind zu ortsüblichen Bedingungen vermietet.

Für den VZ 2020 macht Rosa Schlüpfer folgende Angaben:

Einnahmen:

► Mieteinnahmen	45.000,00 €
► Einnahmen aus Mietumlage für Heizung und Nebenkosten	9.000,00 €

Ausgaben

► Zinsen für ein für das Gebäude verwendetes Darlehen	7.000,00 €
► Dachreparatur Hiervon wurde eine Abschlagzahlung von 15.000,00 € am 16.11.2020 von Rosa Schlüpfer überwiesen. Der Restbetrag wurde am 02.01.2021 in bar dem Dachdecker übergeben.	25.000,00 €
► Zahlungen in 2020 für Heizung und Nebenkosten	7.200,00 €
► Versicherungen 2020 (Fälligkeit jeweils am 01.01.2020): Gebäudeversicherung, bezahlt am 30.12.2019 Gebäudehaftpflichtversicherung, bezahlt am 03.02.2020	2.400,00 € 600,00 €
► Der Mieter der Wohnung im Dachgeschoss hat seit August 2020 keine Mietzahlungen mehr geleistet. Rosa Schlüpfer hat deshalb einen Rechtsanwalt gebeten, die Zwangsräumung der Wohnung zu betreiben. Der Rechtsanwalt hat von Rosa Schlüpfer in 2020 eine Abschlagszahlung in folgender Höhe erhalten	1.300,00 €

Aufgabe

Ermitteln Sie in einer übersichtlichen Darstellung für den VZ 2020 die Einkünfte aus Vermietung und Verpachtung.

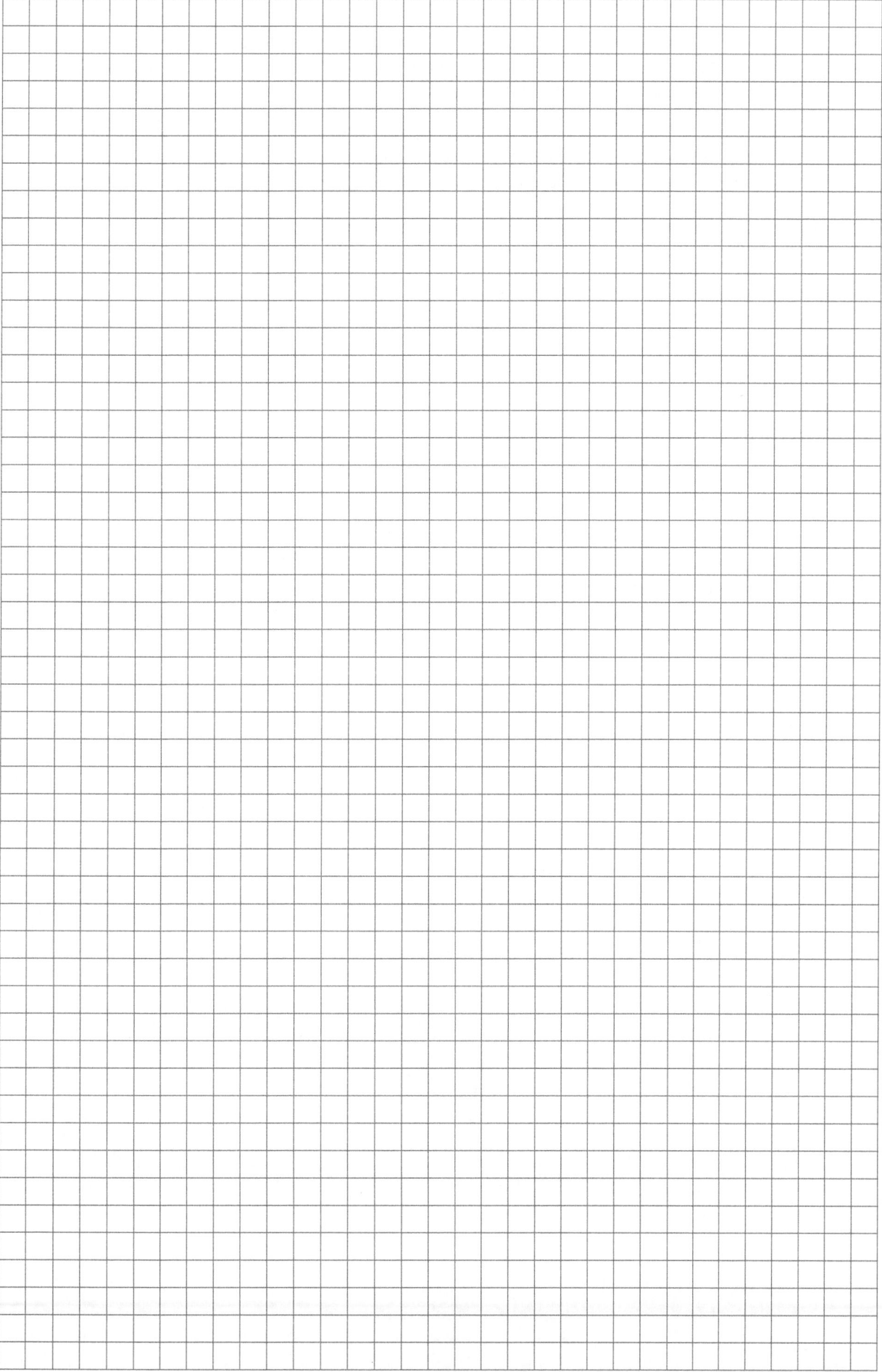

Aufgabe 30: Teilweise Eigennutzung, verbilligte Vermietung, 4.000,00 €-Regel

Eva Faber ist seit 2018 Eigentümerin eines dreigeschossigen Gebäudes in Bonn (Baujahr 1985). Die drei Geschossflächen sind mit jeweils 100 m² gleich groß und gleichwertig. Im EG befindet sich das von Eva Faber selbst genutzte Ladenlokal. Das 1. und 2. OG sind zu Wohnzwecken vermietet.

In 2020 zahlte der Mieter des 1. OG monatlich die ortsübliche Miete i. H. v. 800,00 €, zzgl. einer Umlage für Nebenkosten i. H. v. 100,00 €. Im 2. OG wohnt Elsa Hansen, die Mutter von Eva Faber, die in 2020 monatlich 400,00 € zzgl. einer Umlage von 50,00 € für Nebenkosten zahlte.

Für den VZ 2020 werden folgende Ausgaben für das Haus nachgewiesen:

► Gebäudeversicherung	1.800,00 €
► Grundbesitzabgaben für das Kalenderjahr 2020 (Grundsteuer, Abfallgebühr, Straßenreinigung und Abwasser)	2.400,00 €
► Darlehenszinsen	18.000,00 €
► Darlehenstilgung	24.000,00 €
► Erstmaliger Anbau von fest an die Außenmauer angebrachten Markisen im 1. OG (inkl. 19 % USt)	4.600,00 €
► Sonstige laufende Hauskosten	3.300,00 €
► AfA für das 1. und 2. OG, jeweils	6.000,00 €

Aufgabe
Ermitteln Sie in einer übersichtlichen Darstellung für den VZ 2020 die Einkünfte aus Vermietung und Verpachtung, die so niedrig wie möglich sein sollen.

Aufgabe 31: Anschaffungsnaher Aufwand

Till Sommer hat ein vermietetes Mehrfamilienhaus in der Innenstadt von Duisburg günstig erwerben können. Besitz, Nutzungen und Lasten sind ab dem 01.04.2020 auf ihn übergegangen. Die Mietverhältnisse werden von Till Sommer unverändert fortgeführt.

Die Anschaffungskosten des Mehrfamilienhauses betrugen nur 400.000,00 €, da der Verkäufer bisher seit der Errichtung des Gebäudes im Jahr 1975 noch keine größeren Modernisierungsmaßnahmen an dem Gebäude hat durchführen lassen. Dementsprechend entfallen von dem Kaufpreis 200.000,00 € auf den Wert des Grund und Bodens.

Folgende Aufwendungen sind von Till Sommer im VZ 2020 im Zusammenhang mit dem Kauf des Mehrfamilienhauses bezahlt worden:

- Grunderwerbsteuer   26.000,00 €
- Notarkosten für die Beurkundung des Kaufvertrages, brutto   3.500,00 €
- Grundbuchgebühren für die Eintragung des Eigentümerwechsels   1.500,00 €

Im Juni 2020 hatte Till Sommer folgende umfangreiche Maßnahmen an dem Gebäude durchführen lassen:

- Dachreparatur, brutto   65.000,00 €
- Fassadendämmung, brutto   40.000,00 €

                                              105.000,00 €

Wie sind die geltend gemachten Instandsetzungs- und Modernisierungsaufwendungen i. H. v. 105.000,00 € einkommensteuerlich zu beurteilen?

Aufgabe
Berechnen Sie in einer übersichtlichen Darstellung die AfA für den VZ 2020.

10. Sonstige Einkünfte

10.1 Rentenbesteuerung

Aufgabe 32: Altersrente, Rente aus privater Lebensversicherung

Seit dem 01.11.2020 bezieht Maria Leib (geb. 01.03.1955) eine Altersrente i. H. v. brutto 900,00 €. Zur Durchsetzung ihres Rentenanspruchs wendete sie im September 2020 an einen Rentenberater insgesamt 300,00 € (inkl. 19 % USt) auf.

Zusätzlich erhält Maria Leib aus einer am 01.05.2016 fällig gewordenen privaten Lebensversicherung seit diesem Zeitpunkt eine lebenslängliche Rente; im VZ 2020 insgesamt einen Betrag i. H. v. brutto 8.400,00 €.

Aufgabe
Ermitteln Sie in einer übersichtlichen Darstellung für den VZ 2020 die sonstigen Einkünfte.

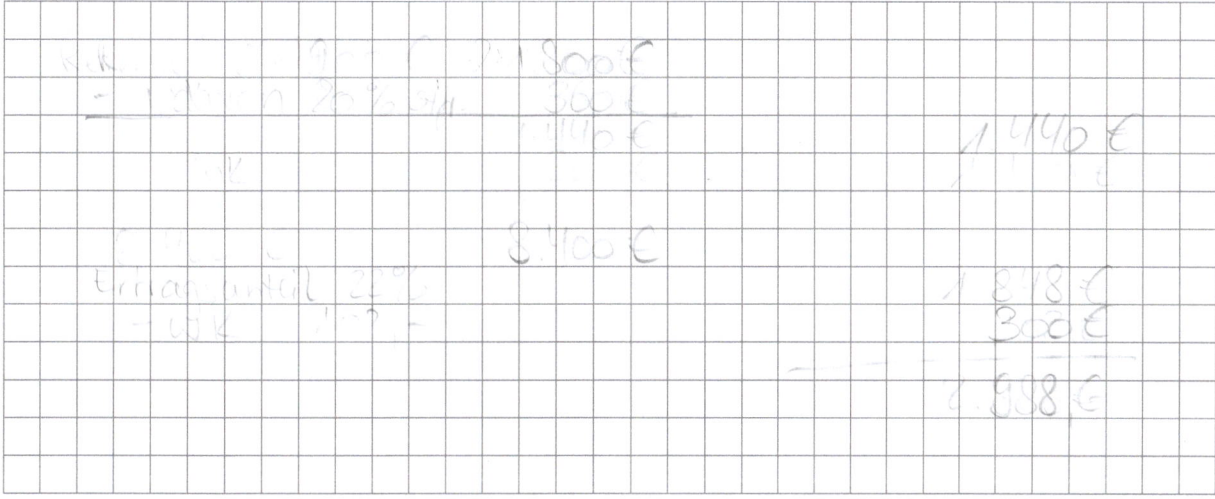

Aufgabe 33: Rentenanpassungsbetrag

Jan Rüstig bezieht eine Altersrente aus der gesetzlichen Rentenversicherung.
Folgende Daten wurden der Finanzverwaltung elektronisch übermittelt:

- Beginn der Rentenzahlung   01.07.2018
- Jahr   2020
- Rentenanpassungsbetrag   207,00 €
- Jahresbruttorente   21.807,00 €

Aufgabe
Ermitteln Sie in einer übersichtlichen Darstellung für den VZ 2020 die sonstigen Einkünfte.

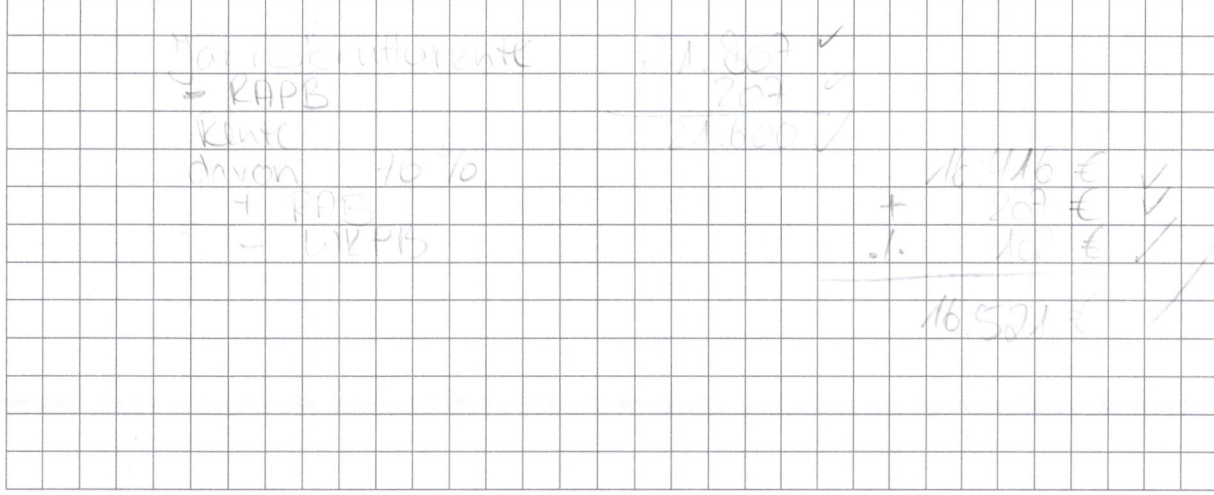

10.2 Privates Veräußerungsgeschäft

Aufgabe 34: Voraussetzungen, Freigrenze

Entscheiden und begründen Sie, ob in den folgenden beiden Fällen im VZ 2020 ein steuerpflichtiges privates Veräußerungsgeschäft vorliegt.

1. Am 01.12.2020 hat Tobias Keim sein Einfamilienhaus für 500.000,00 € veräußert. Dieses hat er am 01.07.2013 für 350.000,00 € Anschaffungskosten erworben und bis zum 31.12.2016 vermietet. In diesem Zeitraum machte er insgesamt 19.600,00 € an Abschreibungen im Rahmen der Einkünfte aus Vermietung und Verpachtung geltend. Seit dem 01.01.2017 hat er dieses Haus für eigene Wohnzwecke genutzt.

2. Tobias Keim interessiert sich bereits seit Jahren für wertvolle antike Kunstgegenstände aus dem 17. und 18. Jahrhundert. Am 19.09.2019 konnte er günstig einige dieser Kunstgegenstände für 6.350,00 € erwerben. Diese musste er aber schweren Herzens bereits wieder am 22.05.2020 für 7.000,00 € veräußern, weil er das Geld dringend für die finanzielle Unterstützung seines erkrankten Bruders benötigte. Tobias Keim musste 55,00 € für eine Anzeige in einem Sammlermagazin bezahlen und fand dort sofort einen Käufer.

Aufgabe 35: Veräußerung einer bisher vermieteten Immobilie

Julia Sonnenschein ist Eigentümerin einer vermieteten Eigentumswohnung (Baujahr 1993). Sie erwarb die Eigentumswohnung am 01.02.2015 (Übergang von Nutzen und Lasten). Die Anschaffungskosten betrugen 300.000,00 €; darin ist der Wert des Grund und Bodens mit 50.000,00 € enthalten.

Die Wohnung wurde mit notariellem Vertrag vom 29.05.2020 (Übergang von Nutzen und Lasten am gleichen Tag) für 350.000,00 € veräußert. Die Wohnung war bis zum Zeitpunkt des Verkaufs vermietet.

Die monatlichen Mieteinnahmen betrugen 600,00 € zuzüglich 150,00 € Nebenkosten.
Bis zur Veräußerung fielen noch insgesamt folgende Aufwendungen an:

- Grundsteuer/Straßenreinigung   240,00 €
- Hausversicherungen   480,00 €
- Verwaltungsgebühren   800,00 €

Die Abschreibung wurde seit 2015 in der gesetzlich zulässigen Höhe vorgenommen.

Aufgabe

Ermitteln Sie in einer übersichtlichen Darstellung unter Nennung der Einkunftsart die Höhe der jeweiligen Einkünfte für den VZ 2020.

10.3 Gelegentliche Leistungen

Aufgabe 36: Gelegentliche Vermittlung, gelegentliche Vermietung, Freigrenze

Entscheiden und begründen Sie, ob in den folgenden beiden Fällen im VZ 2020 steuerpflichtige sonstige Einkünfte i. S. des § 22 Nr. 3 EStG vorliegen.

1. Björn Kühne hatte von seinem Nachbarn Carsten Zinken zufällig erfahren, dass dieser einen Käufer für seine Wohnung in Köln suchte. Eine Bekannte von Björn Kühne war zu dieser Zeit gerade auf der Suche nach einer Eigentumswohnung. Björn Kühne vermittelte daher einen Kontakt zwischen Carsten Zinken und der Bekannten. Tatsächlich kam es aufgrund der Vermittlung zum Verkauf der Eigentumswohnung von Carsten Zinken an die Bekannte. Für seine Vermittlungstätigkeit erhielt Björn Kühne von Carsten Zinken am 31.01.2020 eine Provision i. H. v. 260,00 € in bar ausbezahlt. Aufwendungen im Zusammenhang mit der einmaligen Vermittlungstätigkeit waren Björn Kühne i. H. v. 25,00 € für die Fertigung der Fotos der Wohnung entstanden.

    ja ☐ nein ☐

2. Anika Brause hat ausnahmsweise ihrer Nachbarin ihr Wohnmobil in 2020 ausgeliehen. Hierfür erhielt sie 600,00 € in bar. Für die Zeit der Vermietung hatte Anika Brause Aufwendungen i. H. v. 200,00 €. Vor drei Jahren hatte die Nachbarin das Wohnmobil schon mal gemietet.

    ja ☐ nein ☐

11. Ermittlung des Gesamtbetrags der Einkünfte

11.1 Altersentlastungsbetrag

Aufgabe 37: Voraussetzungen, Bemessungsgrundlage, Höhe

Der ledige Stefan List (geb. 01.01.1956) gibt für den VZ 2020 folgende Besteuerungsgrundlagen an:

- Einkünfte aus selbstständiger Arbeit — 10.000,00 €
- Bruttoarbeitslohn aus aktivem Dienstverhältnis — 4.000,00 €
- Versorgungsbezüge seit dem 01.01.2020 — 24.000,00 €
- Einkünfte aus Vermietung und Verpachtung — 15.000,00 €
- Bruttoaltersrente (Rentenbeginn in 2019) — 24.000,00 €

Aufgaben

a) Erfüllt Stefan List für den VZ 2020 die altersmäßigen Voraussetzungen für die Gewährung des Altersentlastungsbetrages nach § 24a EStG? Begründen Sie Ihre Entscheidung.

[handschriftliche Antwort: Er vollendet ... das 64. Lebensjahr ... er erfüllt ... Voraussetzungen ... § 24a Nr. 5]

b) Ermitteln Sie für Stefan List für den VZ 2020 in einer übersichtlichen Darstellung den Gesamtbetrag der Einkünfte. Verwenden Sie dabei die Fachbegriffe.

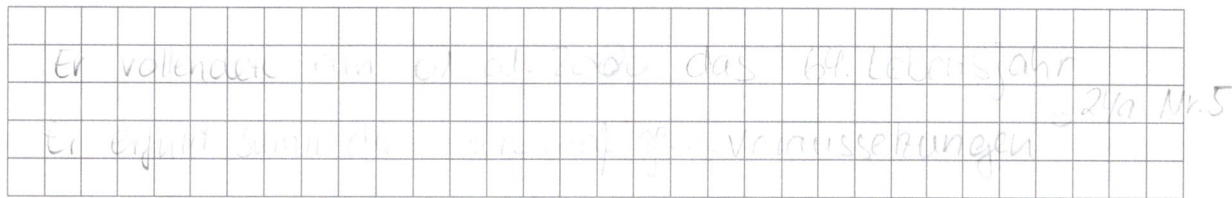

[handschriftliche Tabellenlösung, weitgehend unleserlich]

Aufgabe 38: Altersentlastungsbetrag bei Ehegatten

Die Eheleute Klaus Dunkel (geb. 18.05.1954) und Elke Dunkel (geb. 21.05.1955) beantragen für den VZ 2020 die Zusammenveranlagung und geben folgende Besteuerungsgrundlagen an:

	Ehemann	Ehefrau
Einkünfte aus Land- und Forstwirtschaft		+ 3.000,00 €
Einkünfte aus Gewerbebetrieb	+ 15.000,00 €	
Einkünfte aus nichtselbstständiger Arbeit (Versorgungsbezüge)	+ 20.000,00 €	
Einkünfte aus Vermietung und Verpachtung	- 2.500,00 €	- 2.500,00 €
Sonstige Einkünfte (Altersrente)		+ 4.000,00 €

Aufgabe

Ermitteln Sie für die Eheleute Dunkel für den VZ 2020 in einer übersichtlichen Darstellung den Gesamtbetrag der Einkünfte. Verwenden Sie dabei die Fachbegriffe.

11.2 Entlastungsbetrag für Alleinerziehende

Aufgabe 39: Voraussetzungen, Höhe ✓

Entscheiden und begründen Sie, ob bei den Fällen für den VZ 2020 die Voraussetzungen für die Gewährung eines Entlastungsbetrags für Alleinerziehende nach § 24b EStG erfüllt sind und nennen Sie ggf. die Höhe.

1. Die alleinstehende Karin Leisner ist Mutter des 16-jährigen Kai und der 19-jährigen Anna, die in der gemeinsamen Wohnung mit Hauptwohnsitz gemeldet sind. Für beide Kinder besteht Anspruch auf Kindergeld.

2. Die alleinstehende Ute Zitter bringt im April 2020 ihr erstes Kind zur Welt. Sie lebt in ihrem Haushalt mit keiner weiteren volljährigen Person zusammen.

3. Die alleinstehende Dominique Kerber bringt im Juni 2020 ihr zweites Kind zur Welt. Sie lebt in ihrem Haushalt mit keiner weiteren volljährigen Person zusammen.

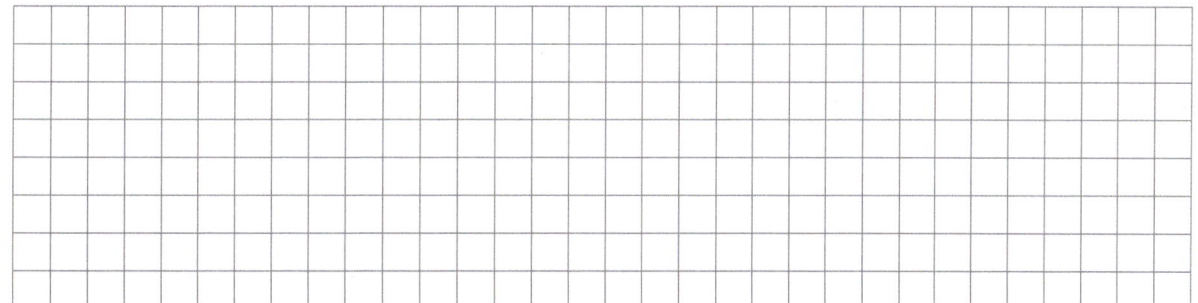

4. Emma Adams ist alleinstehend und lebt mit ihren minderjährigen Kindern Volker und Carsten in einem gemeinsamen Haushalt zusammen. Am 15.08.2020 zieht der volljährige Bruder von Emma in die Wohnung mit ein.

12. Sonderausgaben

12.1 Altersvorsorgeaufwendungen

Aufgabe 40: Freiberufler, kaufmännischer Angestellter ✓

Ermitteln Sie für die folgenden Fälle für den VZ 2020 die abziehbaren Vorsorgeaufwendungen. Der Höchstbetrag zur knappschaftlichen Rentenversicherung wird nicht erreicht.

1. Ein selbstständiger Rechtsanwalt aus Duisburg entrichtet an das Versorgungswerk der Rechtsanwälte in Nordrhein-Westfalen im VZ 2020 monatlich einen Beitrag i. H. v. 1.500,00 €. ✓

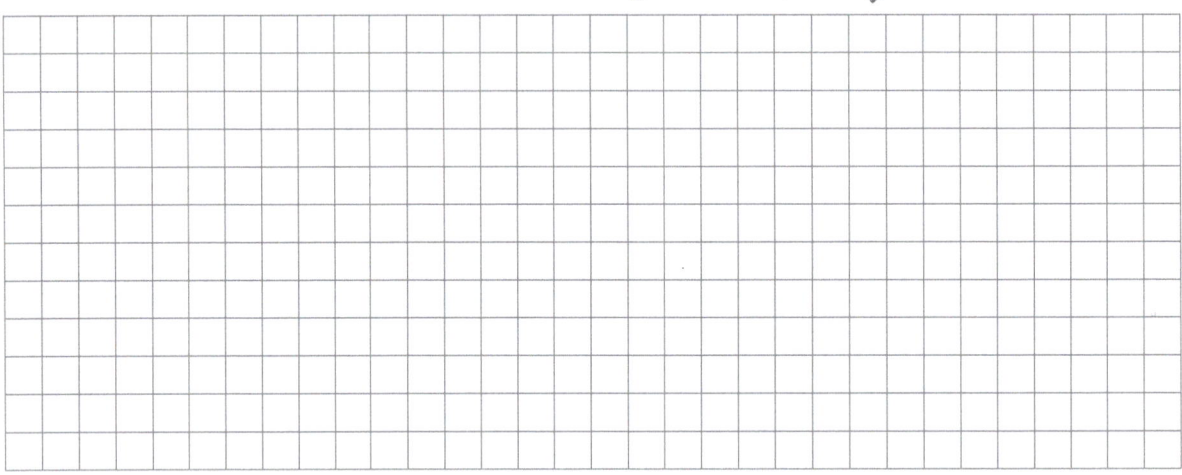

2. Der Lohnsteuerbescheinigung 2020 eines ledigen kaufmännischen Angestellten aus Aachen können u. a. folgende Angaben entnommen werden:

   ► Arbeitgeberanteil zur gesetzlichen Rentenversicherung   2.790,00 €

   ► Arbeitnehmeranteil zur gesetzlichen Rentenversicherung   2.790,00 € ✓

Aufgabe 41: Altersvorsorgeaufwendungen bei Ehegatten, „Rürup-Rente"

Die Eheleute Paul und Berta Kaule aus Essen werden für den VZ 2020 zusammen zur Einkommensteuer veranlagt. Paul Kaule ist als selbstständiger Zahnarzt tätig und zahlte im VZ 2020 insgesamt 20.000,00 € an das Versorgungswerk der Zahnärztekammer Nordrhein.

Berta Kaule ist als Steuerfachangestellte tätig. Ihrer Lohnsteuerbescheinigung 2020 können u. a. folgende Angaben entnommen werden:

▸ Arbeitgeberanteil zur gesetzlichen Rentenversicherung   3.900,00 €

▸ Arbeitnehmeranteil zur gesetzlichen Rentenversicherung   3.900,00 €

Berta Kaule hat im VZ 2020 außerdem 2.000,00 € für eine spätere „Rürup-Rente" eingezahlt.

Aufgabe
Ermitteln Sie für den VZ 2020 die abziehbaren Vorsorgeaufwendungen. Der Höchstbetrag zur knappschaftlichen Rentenversicherung wird nicht erreicht.

12.2 Sonstige Vorsorgeaufwendungen

Aufgabe 42: Steuerfreie Arbeitgeberzuschüsse, 4 %-Kürzung

Philipp Schnell ist in Leverkusen als Arbeitnehmer beschäftigt. Seine Ehefrau erzielte im VZ 2020 keine Einkünfte und ist deshalb bei ihrem Ehemann familienversichert. Der Lohnsteuerbescheinigung 2020 des Philipp Schnell können u. a. folgende Angaben entnommen werden:

- Steuerfreie Arbeitgeberzuschüsse zur gesetzl. Krankenversicherung   3.877,00 €
- Steuerfreie Arbeitgeberzuschüsse zur gesetzl. Pflegeversicherung   677,00 €
- Arbeitnehmerbeiträge zur gesetzlichen Krankenversicherung   8.284,00 €
- Arbeitnehmerbeiträge zur sozialen Pflegeversicherung   1.354,00 €
- Arbeitnehmerbeiträge zur Arbeitslosenversicherung   1.170,00 €

Außerdem tätigten die Eheleute Schnell im VZ 2020 folgende Aufwendungen:

- private Haftpflichtversicherung, monatlich   200,00 €
- Unfallversicherung, monatlich   25,00 €

Aufgabe

Ermitteln Sie die abziehbaren sonstigen Vorsorgeaufwendungen für die Eheleute Schnell für den VZ 2020.

Aufgabe 43: Versicherungsbeiträge für Familienangehörige

Jakob Stich ist verheiratet, hat ein Kind und ist Gewerbetreibender in Herne. Seine Ehefrau ist Hausfrau und erzielt keine Einkünfte.

Von seiner privaten Krankenversicherung hat Jakob Stich die folgende Bescheinigung über die für 2020 gezahlten und elektronisch an die Finanzverwaltung übermittelten Beiträge erhalten:

versicherte Person	gezahlte Gesamtbeiträge	davon Basisabsicherung ohne Anspruch auf Krankengeld	davon Wahlleistungen	davon private Pflege-pflichtversicherung
Jakob	4.160,00 €	3.600,00 €	360,00 €	200,00 €
Ehefrau	3.900,00 €	3.100,00 €	600,00 €	200,00 €
Kind	1.500,00 €	1.300,00 €	200,00 €	0,00 €

Für den VZ 2019 hat die Krankenversicherung im September 2020 insgesamt 2.000,00 € erstattet; davon entfallen auf Wahlleistungen 300,00 €. Außerdem zahlte Jakob Stich für die private Haftpflichtversicherung in 2020 insgesamt 150,00 €.

Andere Versicherungsaufwendungen hatten die Eheleute im VZ 2020 nicht.

Aufgabe
Ermitteln Sie die abziehbaren sonstigen Vorsorgeaufwendungen für den VZ 2020.

Aufgabe 44: Versicherungsbeiträge von Rentnern

Die Eheleute Wolfgang und Monika Peters sind beide 70 Jahre alt, unbeschränkt einkommensteuerpflichtig und wählen für den VZ 2020 die Zusammenveranlagung.
Beide beziehen seit fünf Jahren eine Altersrente aus der gesetzlichen Rentenversicherung.
Von ihren Rentenbezügen wurden folgende Beträge einbehalten:

Krankenversicherungsbeiträge:

- ▸ für Wolfgang Peters   1.700,00 €
- ▸ für Monika Peters   1.100,00 €

Pflegeversicherungsbeiträge:

- ▸ für Wolfgang Peters   500,00 €
- ▸ für Monika Peters   350,00 €

Außerdem wurden im VZ 2020 von Wolfgang und Monika Peters für eine private Haftpflichtversicherung 200,00 € und für eine Hundehaftpflichtversicherung monatlich 10,00 € bezahlt.

Weitere Versicherungen haben die Eheleute nicht.

Aufgabe
Ermitteln Sie für die Eheleute Peters die abziehbaren sonstigen Vorsorgeaufwendungen für den VZ 2020.

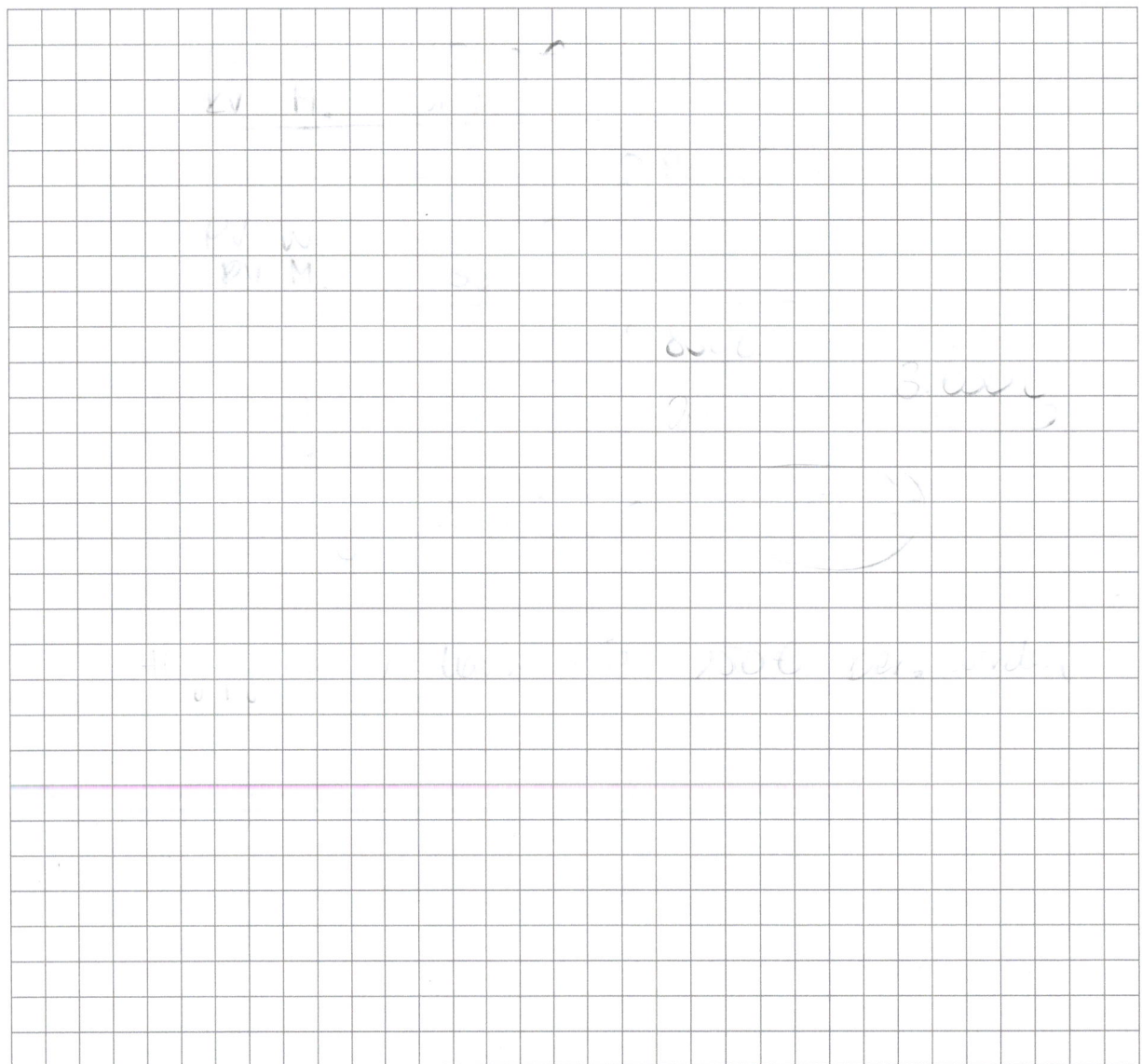

12.3 Übrige Sonderausgaben

Aufgabe 45: Zweitausbildung, Unterhaltsleistungen, Kirchensteuer, Schulgeld, Kinderbetreuung

Felix Küster lebt alleine mit seinem Sohn Ben (10 Jahre alt) und seiner Tochter Lena (3 Jahre alt) in Mainz.

Felix Küster arbeitet als ausgebildeter Fluglotse in Frankfurt. Für den VZ 2020 weist die elektronische Lohnsteuerbescheinigung einen Bruttoarbeitslohn i. H. v. 60.000,00 € aus. Im VZ 2020 ist er an 220 Tagen zum Flughafen Frankfurt gefahren; die Entfernung beträgt 57 km.

Felix Küster hat Ende Dezember 2019 berufsbegleitend eine Ausbildung zum Piloten begonnen. Im VZ 2020 hat er für die Pilotenschule 6.000,00 € Gebühren bezahlt. Dazu kamen noch Fahrtkosten (20 Tage, 100 km Entfernung zur Schule) und Lernmaterialien i. H. v. 400,00 €.

Von seiner Ehefrau Anna, wohnhaft in Wiesbaden, ist er geschieden. Seit 2019 überweist er ihr monatlich 1.200,00 € an Ehegattenunterhalt. Ihm liegt die unterschriebene Anlage U vor.

Felix Küster ist kirchensteuerpflichtig. Im VZ 2020 erhielt er eine Kirchensteuererstattung für den VZ 2018 i. H. v. 300,00 € und musste eine Kirchensteuernachzahlung für den VZ 2019 i. H. v. 100,00 € leisten. Für den VZ 2020 wurden im VZ 2020 Kirchensteuerbeträge i. H. v. 1.100,00 € gezahlt, von denen insgesamt 200,00 € im VZ 2021 erstattet worden sind.

Ben geht in die Waldorfschule (staatlich anerkannte Ersatzschule) in Mainz. Felix Küster hat von der Waldorfschule eine Bescheinigung über im VZ 2020 geleistete Schulgeldzahlungen i. H. v. 2.440,00 € bekommen.

Lena besucht ganztägig den Kindergarten. Felix Küster bezahlt für die Betreuung 200,00 € pro Monat und 100,00 € pro Monat für die Verpflegung im Kindergarten. Diese Beträge hat er im VZ 2020 zwölfmal bezahlt.

Aufgaben

a) Ermitteln Sie in einer übersichtlichen Darstellung für den VZ 2020 den Gesamtbetrag der Einkünfte.

b) Ermitteln Sie für Felix Küster die abziehbaren übrigen Sonderausgaben für den VZ 2020.

Aufgabe 46: Spendenabzug, Spendenvortrag

Berechnen Sie für die Eheleute Zimmer für den VZ 2020 den höchstmöglichen absetzbaren Spendenbetrag durch eine vergleichende Berechnung. Ordnungsgemäße Zuwendungsbestätigungen liegen vor. Nichtansätze sind zu begründen.

- Summe der gesamten Umsätze   625.000,00 €
- aufgewendete Löhne und Gehälter   150.000,00 €
- Gesamtbetrag der Einkünfte   22.500,00 €
- Gewinn aus Gewerbebetrieb   35.500,00 €
- Jahreslos „Aktion Mensch"   36,00 €
- Spende an das Deutsche Rote Kreuz   1.000,00 €
- Spenden für Krebsforschung   4.000,00 €
- Spenden an SOS Kinderdorf wegen Einstellung eines Strafverfahrens   1.000,00 €
- Spende an eine politische Partei   4.300,00 €

13. Außergewöhnliche Belastungen

13.1 Außergewöhnliche Belastungen nach § 33 EStG

Aufgabe 47: Zumutbare Belastung

Wie hoch ist in den folgenden Fällen jeweils der maßgebende Prozentsatz i. S. des § 33 Abs. 3 EStG bei einem Gesamtbetrag der Einkünfte i. H. v. 15.000,00 €?

Familienstand	Veranlagungsform	ESt-Tarif	Kinderfreibetrag	maßgebender Prozentsatz
Ledig	Einzel-VA	Grundtarif	0	
Verheiratet	Zusammen-VA	Splittingtarif	1	
Verheiratet	Zusammen-VA	Splittingtarif	3	
Verheiratet	Einzel-VA	Grundtarif	3	
Verheiratet	Einzel-VA	Grundtarif	2	

Aufgabe 48: Krankheitskosten, Beerdigungskosten, Diätverpflegung

Der ledige und kinderlose Tim Maler hat für den VZ 2020 einen Gesamtbetrag der Einkünfte i. H. v. 60.000,00 €. Folgende Aufwendungen werden belegmäßig für den VZ 2020 geltend gemacht:

▸ Zahnärztliche Heilbehandlung: 15.000,00 €. Die Krankenversicherung hat 75 % erstattet.

▸ Beerdigungskosten: 12.000,00 € und Bewirtung der Trauergäste: 1.800,00 €
Die Sterbegeldversicherung hat 2.000,00 € ausgezahlt.
Das geerbte Vermögen hat einen Wert von 5.000,00 €.

▸ Medizinisch verordnete diätische Ernährung: 1.200,00 €

Aufgabe
Berechnen Sie in einer übersichtlichen Darstellung für den VZ 2020 die abzugsfähigen außergewöhnlichen Belastungen.

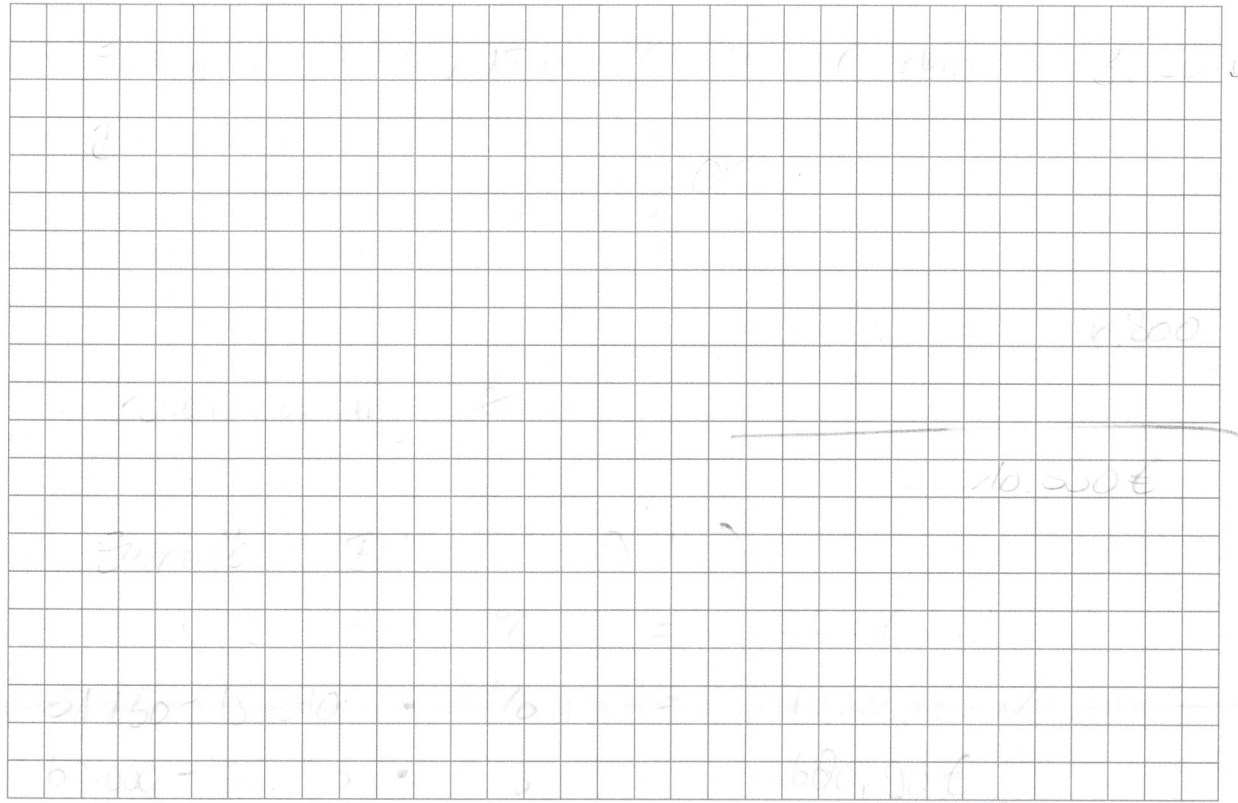

13.2 Außergewöhnliche Belastungen nach § 33a EStG

Aufgabe 49: Unterhaltsleistungen, Höchstbetrag, Kostenpauschale, Karenzbetrag

Die Eheleute Weser aus Mönchengladbach sind die leiblichen Eltern von Emma und Sven. Die 17-jährige Emma wohnt bei ihren Eltern, ist vermögenslos und hat keine Einkünfte und Bezüge. Das an die Eheleute Weser ausgezahlte Kindergeld reichten sie im VZ 2020 an ihre Tochter Emma als Unterhalt weiter.

Sven (geb. 21.07.1990) wohnt in Duisburg und ist ebenfalls vermögenslos. Er wird von seinen Eltern finanziell mit monatlichen Zahlungen i. H. v. 350,00 € unterstützt. Außerdem überwiesen seine Eltern die Beträge ihres Sohnes zur privaten Krankenversicherung (Basisanteil) i. H. v. jährlich 778,00 € und zur gesetzlichen Pflegeversicherung i. H. v. jährlich 147,00 €. Sven ist seit Januar 2020 im Rahmen eines geringfügigen Beschäftigungsverhältnisses in einem Bistro als Kellner beschäftigt. Er erhält eine monatliche Vergütung i. H. v. 450,00 €. Aus einer künstlerischen Tätigkeit erzielte Sven im VZ 2020 Einkünfte i. H. v. 780,00 €.

Aufgabe
Ermitteln Sie die abzugsfähigen außergewöhnlichen Belastungen für den VZ 2020.
Nichtansätze sind kurz zu begründen.

Aufgabe 50: Zeitanteilige Ermäßigung, anrechenbare Einkünfte und Bezüge

Holger Brause unterstützte seine bedürftige Mutter in den Monaten Januar 2020 bis September 2020 mit monatlich 550,00 €. In dieser Zeit erhielt die Mutter ein Arbeitslosengeld von monatlich 350,00 €.

Seit Oktober 2020 ist die Mutter wieder berufstätig und bezieht einen monatlichen Bruttoarbeitslohn i. H. v. 1.500,00 €. Seit Oktober 2020 erbringt Holger Brause keine Unterhaltsleistungen mehr.

Aufgabe
Ermitteln Sie die abzugsfähigen außergewöhnlichen Belastungen für den VZ 2020.

Aufgabe 51: Ausbildungsfreibetrag

Ermitteln Sie die abzugsfähigen außergewöhnlichen Belastungen für den VZ 2020.

a) Die 18-jährige Tochter Frauke studiert ab September 2020 in München und ist dort in einem Studentenwohnheim untergebracht. Bis zum Beginn des Studiums wohnte sie bei ihren Eltern in Bonn.

b) Aus einer geschiedenen Ehe hat Paul Zanker die Tochter, Tina (geboren am 13.10.2000), die bei ihrer Mutter in Düsseldorf gemeldet ist. Tina studiert seit Oktober 2020 an der Universität in Dortmund Maschinenbau und wohnt dort in einem Studentenwohnheim. Beide Elternteile kommen ihrer Unterhaltsverpflichtung nach.

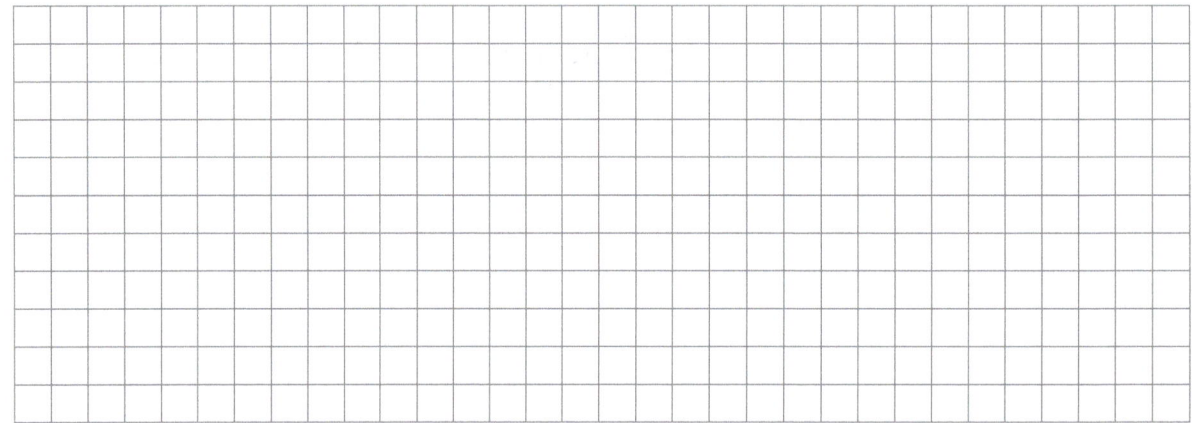

c) Thomas Düster lebt in Hamburg und ist seit 2018 rechtskräftig geschieden. Seit der Scheidung leistet er monatliche Unterhaltszahlungen an seine geschiedene Ehefrau Pia und an die gemeinsame Tochter Vanessa. Vanessa (geb. am 17.11.2000) war zunächst mit Wohnsitz im Haushalt ihrer Mutter in Wuppertal gemeldet. Sie studierte im ganzen VZ 2020 an der Universität Bonn Rechtswissenschaften und war dort bis Ende Oktober 2020 in einem Studentenwohnheim gemeldet und untergebracht.

Zum 01.11.2020 verlegte die geschiedene Ehefrau Pia ihren Wohnsitz von Wuppertal endgültig nach Fuerteventura (Spanien) und lebt dort mit ihrem spanischen Lebensgefährten zusammen. Am gleichen Tag zog die Tochter Vanessa mit ihrem Wohnsitz zu ihrem Vater; die Ummeldung erfolgte zeitgleich.

Aufgabe 52: Unterhaltsleistungen, Studienzuschuss, Ausbildungsfreibetrag

Dr. Klaus Zahn wohnt mit seiner Ehefrau Rita in Kiel. Die gemeinsame Tochter Anna (geb. 16.08.1995) studiert Medizin an der Universität in Münster und bewohnt in Münster eine kleine Studentenwohnung. Ihre Eltern haben ihr für das ganze Jahr 2020 monatlich 500,00 € Unterhalt überwiesen und bezahlten zusätzlich die monatliche Miete von je 380,00 €.

Aus einem öffentlichen Forschungsprogramm erhielt Anna am 01.12.2020 für eine Forschungsarbeit in der Zeit vom 01.09. - 31.12.2020 einen einmaligen Studienzuschuss i. H. v. 1.380,00 €.

Über weitere Einkünfte und Bezüge verfügte Anna nicht.

Die Eltern erhalten für Anna das gesetzliche Kindergeld bis einschließlich August 2020.

Aufgabe
Ermitteln Sie die abzugsfähigen außergewöhnlichen Belastungen für den VZ 2020.

Aufgabe 53: Sonderausgaben, Unterhaltsleistungen, Ausbildungsfreibetrag

Manuela Müller aus Würzburg ist seit Juli 2018 rechtskräftig geschieden. Aus der Ehe ist der gemeinsame Sohn Noah (geb. am 13.07.1995) hervorgegangen.

Noah studierte im ganzen VZ 2020 Rechtswissenschaften an der Universität München und wohnt dort in einem Studentenwohnheim. Bei seiner Mutter ist er mit Nebenwohnsitz gemeldet. Noah verfügt weder über eigene Einkünfte noch über Vermögen.

Seit August 2020 erhält Noah ein Stipendium einer privaten Stiftung von monatlich 150,00 € zur Förderung seiner wissenschaftlichen Arbeit.

Manuela Müller unterstützte ihren Sohn im ganzen VZ 2020 mit monatlich 750,00 €. Außerdem übernahm sie dessen Beiträge zur studentischen Basiskrankenversicherung von monatlich 130,00 € und zur gesetzlichen Pflegeversicherung von monatlich 25,00 € und überwies die Beiträge an die Krankenversicherung.

Da der leibliche Vater keinen Unterhalt an den gemeinsamen Sohn Noah zahlen kann, haben die Eltern beantragt, mögliche steuerliche Vergünstigungen nur bei Manuela Müller zu berücksichtigen.

Aufgabe
Ermitteln Sie die abzugsfähigen Sonderausgaben und außergewöhnlichen Belastungen für den VZ 2020.

13.3 Außergewöhnliche Belastungen nach § 33b EStG

Aufgabe 54: Pauschbetrag für behinderte Menschen, Pflege-Pauschbetrag

Die Eheleute Jan und Hilde Heinrichs leben in Hannover.

Hilde Heinrichs ist wie die erste Tochter Paula (16 Jahre) seit Jahren an einem chronischen Leiden erkrankt. Der Grad der Behinderung beträgt bei Hilde Heinrichs 75 %. Paula hat in ihrem Schwerbehindertenausweis das Merkmal „H". Die Eheleute pflegen ihre Tochter unentgeltlich. Zeitweise bedienen sie sich einer ambulanten Pflegekraft.

Ihr zweites Kind Emma ist zehn Jahre alt, blind geboren und hat einen Bedarf an ständiger Hilfe. Sie wird von beiden Elternteilen im gemeinsamen Haushalt gepflegt. Einnahmen hierfür erhalten die Eheleute Heinrichs nicht. Emma besitzt kein eigenes Vermögen und erzielt keine Einnahmen.

Jan Heinrichs kümmert sich persönlich und unentgeltlich um die Pflege seines nicht nur vorübergehend hilflosen Vaters, der im Nachbarhaus wohnt. Der Vater ist verwitwet und pflegebedürftig (Pflegegrad 4).

Aufgabe
Ermitteln Sie die abzugsfähigen außergewöhnlichen Belastungen für den VZ 2020.
Sämtliche Anträge gelten als gestellt und die dazu erforderlichen Nachweise als erbracht.

14. Freibeträge nach § 32 Abs. 6 EStG

Aufgabe 55: Zweitausbildung, Kinder- und Betreuungsfreibetrag

Die Eheleute Meier aus Wiesbaden haben einen gemeinsamen Sohn Lucas.

Lucas (geb. am 18.10.1997) hat seine Ausbildung zum Steuerfachangestellten im Jahr 2019 beendet und ist seit dem Wintersemester 2019/20 Student der Rechtswissenschaften in München. Er ist dort in einem Studentenwohnheim mit Hauptwohnsitz gemeldet. Bei seinen Eltern ist er in Wiesbaden mit Nebenwohnsitz gemeldet.

Seit dem 01.06.2020 betreibt Lucas neben seinem Studium einen gewerblichen Internethandel mit einer durchschnittlichen wöchentlichen Arbeitszeit von 30 Stunden und erzielte daraus im VZ 2020 Einkünfte i. H. v. insgesamt 9.000,00 €.

Von seinen Eltern wird Lucas finanziell nicht unterstützt.

Aufgaben

a) Entscheiden und begründen Sie, ob und ggf. wie lange es sich bei Lucas im VZ 2020 um ein steuerlich zu berücksichtigendes Kind handelt und nennen Sie die gesetzlichen Grundlagen.

b) Ermitteln Sie die Höhe des zu gewährenden Kinder- und Betreuungsfreibetrages für den VZ 2020.

Aufgabe 56: Höhe des Kinder- und Betreuungsfreibetrages

Auf einer Geschäftsreise in Italien lernte der ledige Axel A aus Leverkusen die ebenfalls ledige Molly M mit Wohnsitz in Rom kennen. Aus dieser Verbindung ist das gemeinsame Kind Adrian, geboren am 31.12.01 in Rom, hervorgegangen. Adrian wurde von der leiblichen Mutter Molly zunächst in Rom aufgezogen.

Zu Beginn des 01.01.03 zog Molly mit Adrian zu Axel in dessen Leverkusener Wohnung, wo Adrian auch seit diesem Zeitpunkt mit einzigem Wohnsitz gemeldet ist. Axel legt dem Finanzamt eine Bescheinigung des zuständigen Melderegisters vor, dass das Kind ab dem 01.01.03 zu seinem Haushalt gehört. Am 30.12.03 heirateten Axel und Molly.

Aber bereits am 15.12.04 trennte sich das Ehepaar infolge schwerer Zerwürfnisse für immer. Molly zog mit Adrian am 04.01.05 zurück nach Rom. Adrian verstarb im Laufe des 01.01.06 an den Folgen eines Verkehrsunfalls.

Die Ehe wurde bisher nicht geschieden.

Aufgabe
In welcher Höhe in Euro erhält Axel A für die VZ 01 - 06 den Kinder- und Betreuungsfreibetrag nach der Rechtslage für den VZ 2020? Verwenden Sie für Ihre Lösung das nachfolgende Schema.

VZ	Höhe in Euro		kurze Begründung
	Kinderfreibetrag	**Betreuungsfreibetrag**	
01			
02			
03			
04			
05			
06			

Aufgabe 57: Übertragung des Kinder- und Betreuungsfreibetrages

Paula Zander ist seit Jahren geschieden. Aus der Ehe ist die Tochter Nora und der Sohn Vincent hervorgegangen.

Nora (geb. 21.05.2010) wohnt bei ihrer Mutter.

Vincent (geb. 01.11.1995) studierte im ganzen VZ 2020 Rechtswissenschaften an der Universität München und wohnt dort in einem Studentenwohnheim. Bei seiner Mutter ist er mit Nebenwohnsitz gemeldet.

Paula Zander unterstützte ihre beiden Kinder im ganzen VZ 2020.

Da Felix Zander aus wirtschaftlichen Gründen keinen Unterhalt an seine Kinder zahlen kann, haben die Eltern beantragt, mögliche steuerliche Vergünstigungen nur bei Paula Zander zu berücksichtigen.

Aufgabe
Entscheiden und begründen Sie in welcher Höhe in € die Kinder- und Betreuungsfreibeträge bei Paula und Felix Zander im VZ 2020 zu berücksichtigen sind.

Aufgabe 58: Kinder aus erster Ehe

Max und Amelie Kramer haben am 23.11.2020 geheiratet, wohnen in Münster und beantragen für den VZ 2020 die Zusammenveranlagung. Max Kramer hat aus seiner ersten Ehe den Sohn Julian, Amelie Kramer aus ihrer ersten Ehe die Tochter Marie.

Julian (geb. am 11.07.2005) lebt im Haushalt seines Vaters und besucht die Freie Waldorfschule in Münster. Julian wird in vollem Umfang von seinem Vater unterhalten, da die Mutter ihre Unterhaltsverpflichtung nicht erfüllt.

Marie (geb. 16.08.1996) lebt im Haushalt der Mutter und ist nur dort gemeldet. Der Vater von Marie erfüllt seine Unterhaltsverpflichtung. Marie hat ihr Studium in Köln, wo sie während des Semesters auch gewohnt hat, am 30.09.2020 beendet. Seit dem 01.10.2020 arbeitet sie als Informatikerin in Münster.

Aufgabe

Entscheiden und begründen Sie in welcher Höhe in € die Kinder- und Betreuungsfreibeträge bei der Zusammenveranlagung von Max und Amelie Kramer im VZ 2020 zu berücksichtigen sind.

Sämtliche Anträge, die für den höchstmöglichen steuerlichen Vorteil für Max und Amelie Kramer notwendig sind, gelten als gestellt und die dazu erforderlichen Belege und Nachweise als erbracht.

15. Steuerermäßigung nach § 35a EStG

Aufgabe 59: Voraussetzungen und Tatbestände des § 35a EStG

Entscheiden und begründen Sie, ob Alexander Hennes aus Euskirchen für die in Anspruch genommenen Dienstleistungen im VZ 2020 eine Steuerermäßigung geltend machen kann.

Nennen Sie auch die gesetzlichen Grundlagen und berechnen Sie ggf. die Höhe der Steuerermäßigung.

Die Aufwendungen für diese Dienstleistungen stellen weder Betriebsausgaben noch Werbungskosten dar und es handelt sich auch nicht um Sonderausgaben oder außergewöhnliche Belastungen.

1. Im September 2020 beauftragte Alexander Hennes einen Maler mit dem Streichen der Wände und Decken. Hierfür erhielt er die folgende ordnungsgemäße Rechnung (auszugsweise). Den Rechnungsbetrag hatte er per Überweisung vom Bankkonto im Oktober 2020 bezahlt.

Vorbereitung – Abkleben, Spachteln	100,00 €
Malerarbeiten – Streichen der Wände und Decken	800,00 €
Farbe	200,00 €
Hilfsmaterial – Abdeckfolie, Klebeband – pauschal	50,00 €
Anfahrtskosten – pauschal	100,00 €
Summe	1.250,00 €
zuzüglich 19 % Umsatzsteuer	237,50 €
Rechnungsbetrag	1.487,50 €

2. Das Smartphone von Alexander Hennes ist ihm auf den Boden gefallen und war danach defekt. Er brachte es daher im März 2020 zu einem Reparatur-Service in Köln. Nach einer Woche konnte er das reparierte Smartphone im Geschäft wieder abholen. Alexander Hennes erhielt eine Rechnung über 59,50 € (inkl. 19 % USt), die er mit seiner Kreditkarte bezahlte.

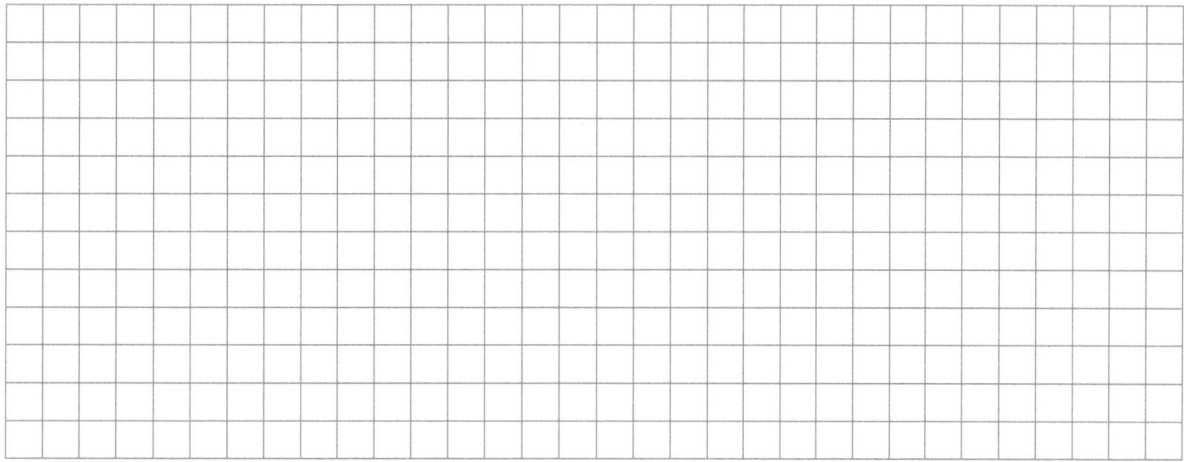

3. Das Putzen seiner Wohnung lässt Alexander Hennes durch ein Gebäudereinigungsunternehmen erledigen. Einmal wöchentlich kommt eine Reinigungskraft. Die notwendigen Putzmittel, Lappen und Geräte stellt Alexander Hennes zur Verfügung. Die Rechnung des Gebäudereinigungsunternehmens wird monatlich mit der Post zugeschickt. Der Rechnungsbetrag wird per Lastschrift vom Bankkonto des Alexander Hennes eingezogen. Im VZ 2020 hatte er insgesamt 6.069,00 € (inkl. 19 % USt) Umsatzsteuer für die Reinigung der Wohnung bezahlt.

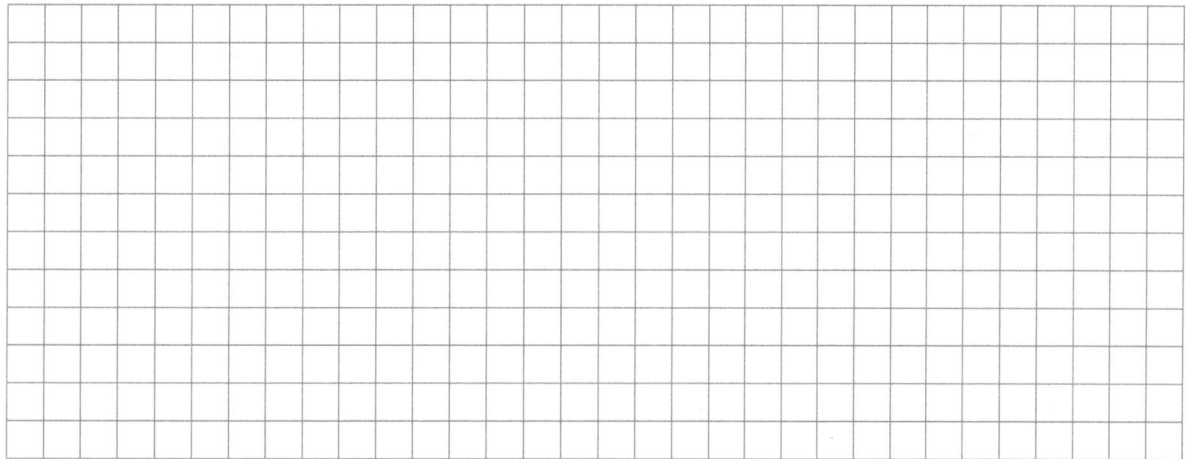

4. Alexander Hennes konnte es aufgrund seiner beruflichen Tätigkeit einige Wochen zeitlich nicht einrichten zum Friseur zu gehen. Daher ließ er sich einen Friseur nach Hause kommen. Für Waschen sowie Schneiden des Bartes und der Haare berechnete der mobile Friseursalon 71,40 € (inkl. 19 % USt) €. Alexander Hennes ließ sich eine Rechnung geben, die er per Banküberweisung bezahlte.

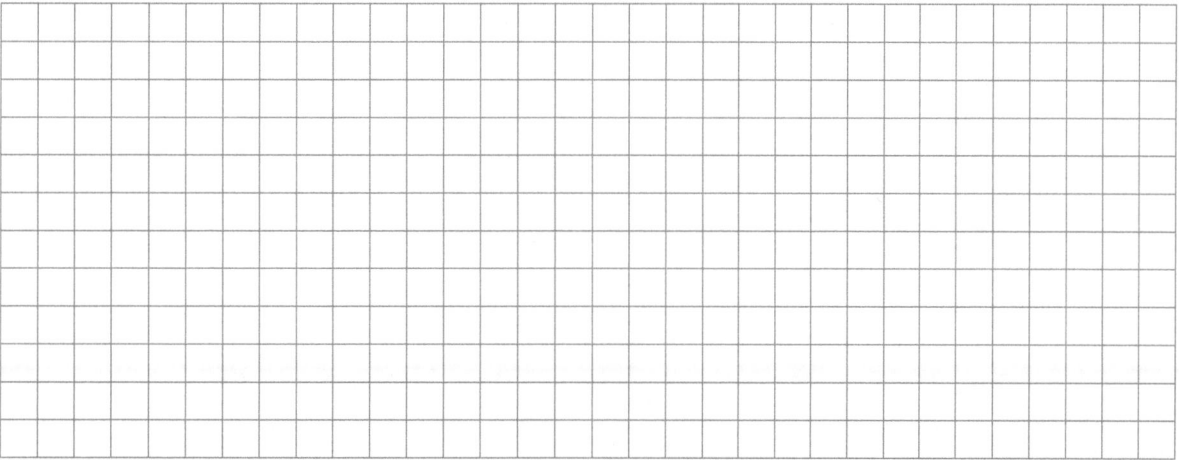

Aufgabe 60: Haushaltsnahe Dienstleistungen, Handwerkerleistungen

Familie Leisner lebt im gesamten VZ 2020 in einem ihnen gehörenden Zweifamilienhaus in Kassel. Von Juni 2020 bis September 2020 wurde das Haus aufwändig renoviert.

Für den Austausch der Fenster und Türen, das Tapezieren und Streichen der Wände, die Renovierung des Badezimmers und das Austauschen der Küche bezahlen sie an die Handwerker insgesamt 30.000,00 € zzgl. 19 % USt. Auf Arbeitskosten einschließlich Fahrtkosten entfallen davon 10.000,00 € (netto).

Daneben hat die Familie ihren Garten von einem selbstständigen Gärtner auf Vordermann bringen lassen. Die Aufwendungen dafür belaufen sich auf 2.400,00 € (Arbeitskosten) zuzüglich Materialkosten, jeweils zzgl. 19 % USt.

Außerdem lässt die Familie regelmäßig alle Glasfronten im Haus von einem Fensterreiniger putzen. Dafür hat sie im VZ 2020 insgesamt 800,00 € zzgl. 19 % USt gezahlt.

Für den Winterdienst sind Aufwendungen i. H. v. 300,00 € (brutto) und den Schornsteinfeger i. H. v. 200,00 € (brutto) angefallen.

Aufgabe
Ermitteln Sie in einer übersichtlichen Darstellung die Steuerermäßigung nach § 35a EStG für den VZ 2020.

Gehen Sie davon aus, dass ordnungsgemäße Rechnungen und entsprechende Überweisungsbelege vorliegen.

Aufgabe 61: Sonderausgaben, haushaltsnahe Dienstleistungen

Das Ehepaar Ingrid und Klaus Meurer lebt mit dem gemeinsamen Kind Paul, geb. am 01.08.2016, in einem Einfamilienhaus in Mainz. Die Eltern erhalten das gesetzliche Kindergeld.

Klaus Meurer war im VZ 2020 als Steuerberater mit eigener Kanzlei voll berufstätig.
Ingrid Meurer arbeitete ab dem 01.08.2020 wieder als angestellte Lehrerin an einer Realschule.

Für die Kinderbetreuung und kleine hauswirtschaftliche Tätigkeiten haben sie seit Jahren eine Erzieherin mit sozialversicherungspflichtigem Arbeitsverhältnis eingestellt.

Sie erhielt im VZ 2020 monatlich ein Bruttogehalt i. H. v. 1.500,00 €. Die Arbeitgeberbeiträge beliefen sich auf monatlich 290,00 €.

Die Tätigkeit der angestellten Erzieherin teilt sich im VZ 2020 wie folgt auf:

► Betreuung Paul   50 %
► Arbeit im Haushalt   50 %

Aufgabe
Ermitteln Sie unter Angabe der gesetzlichen Vorschriften, in welcher Höhe die Aufwendungen der Hausangestellten im VZ 2020 steuerlich berücksichtigt werden können.

B. Körperschaftsteuer

Aufgabe 62: Unbeschränkte Steuerpflicht, örtliche Zuständigkeit

Die Kraut & Rüben GmbH (GmbH) mit Sitz und Geschäftsleitung in Leverkusen unterhält weitere Betriebsstätten in Frankfurt, Madrid und in Singapur. In allen Betriebsstätten werden gewerbliche Einkünfte erzielt.

Aufgaben

a) Entscheiden und begründen Sie unter Angabe der genauen gesetzlichen Vorschrift, ob die GmbH unbeschränkt körperschaftsteuerpflichtig ist.

b) In welchem Umfang werden die von der GmbH erzielten Einkünfte zur Besteuerung herangezogen? Begründen Sie Ihre Ansicht unter Angabe der gesetzlichen Vorschrift.

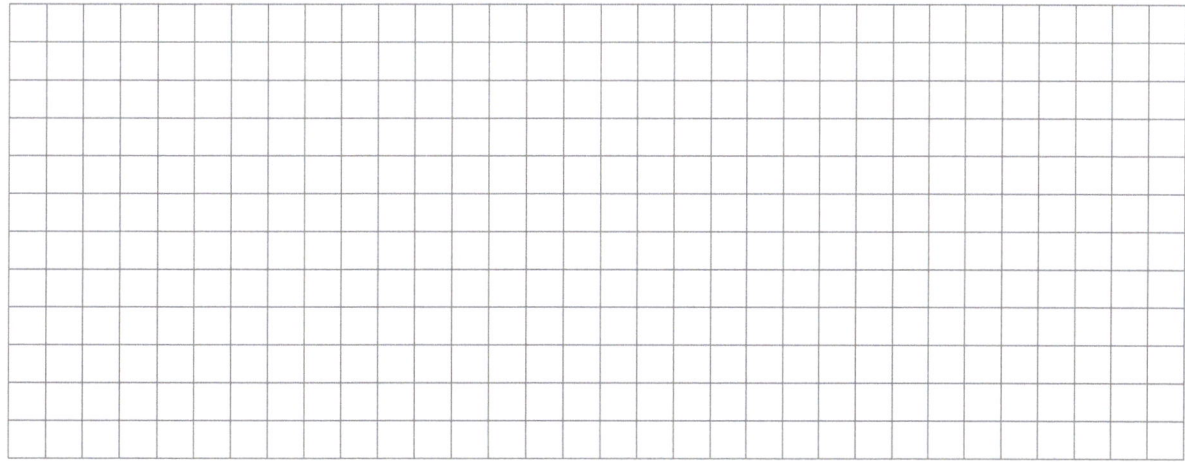

c) Welches Finanzamt (Ort und übliche Bezeichnung) ist für die Körperschaftsteuererklärung der GmbH örtlich zuständig? Geben Sie die gesetzliche Vorschrift an.

Aufgabe 63: Ermittlung des zu versteuernden Einkommens, Tarifbelastung

Die Schramm GmbH mit Sitz in Dortmund hat für den VZ 2020 einen vorläufigen Jahresüberschuss i. H. v. 95.000,00 € ermittelt.

Folgende Sachverhalte sind für den VZ 2020 noch zu berücksichtigen:

1. Es wurden folgende Aufwendungen (netto) erfolgswirksam gebucht:

   ► Geschenke unter 35,00 €   6.000,00 €

   ► Geschenke über 35,00 €   8.800,00 €

2. Der Geschäftsführer Alfred Schramm besuchte am 24.07.2020 eine Messe (Abfahrt: 07:30 Uhr, Rückkehr: 23:30 Uhr) und legte zwei ordnungsgemäße Restaurantrechnungen für die eigene Verpflegung i. H. v. insgesamt 238,00 € vor, die wie folgt von der GmbH gebucht wurden:

Reisekosten Arbeitnehmer	*200,00 €*	
abziehbare Vorsteuer 19 %	*38,00 €*	
an *Bank*		*238,00 €*

3. Im VZ 2020 wurde eine steuerfreie Investitionszulage i. H. v. 5.000,00 € vereinnahmt und entsprechend als Ertrag gebucht.

4. Die Schramm GmbH hat als Kontrollorgan einen Beirat. Die gesamten Beiratsvergütungen für den VZ 2020 betragen 6.000,00 € und wurden in voller Höhe als Aufwand gebucht. In diesem Betrag enthalten sind nachgewiesene und gesondert erstattete Reisekosten an einzelne Beiratsmitglieder i. H. v. 1.000,00 €.

5. Die GmbH hat außerdem folgende Beträge erfolgswirksam gebucht:

   ► GewSt-Vorauszahlungen 2020   5.000,00 €

   ► Zinserträge aus GewSt-Erstattung 2018 (§ 233a AO)   1.000,00 €

   ► KSt-Vorauszahlungen 2020   2.500,00 €

   ► Solidaritätszuschlag für KSt-Vorauszahlungen 2020   137,50 €

   ► KSt-Erstattung aus 2016   10.000,00 €

   ► Geldbußen (verhängt vom Amtsgericht Mönchengladbach)   3.500,00 €

   ► Rechtsanwaltskosten im Zusammenhang mit diesen Geldbußen   750,00 €

Aufgabe

Ermitteln Sie für die Schramm GmbH in einer übersichtlichen Darstellung für den VZ 2020 das zu versteuernde Einkommen und die Höhe der Tarifbelastung.

Das zu versteuernde Einkommen und die Höhe der Tarifbelastung sind jeweils auf einen vollen Euro-Betrag abzurunden.

Hinweise:

Auf umsatzsteuerliche Aspekte ist nicht einzugehen.

Nichtansätze sind mit „0" zu kennzeichnen und kurz zu begründen.

Auszug aus den Körperschaftsteuer-Richtlinien – R 10.3 Abs. 1 KStR

[1]Vergütungen für die Überwachung der Geschäftsführung (Aufsichtsratsvergütungen) sind alle Leistungen, die als Entgelt für die Tätigkeit gewährt werden. [2]..... [3]Darunter fällt jedoch nicht der dem einzelnen Aufsichtsratsmitglied aus der Wahrnehmung seiner Tätigkeit erwachsene Aufwand, soweit ihm dieser Aufwand gesondert erstattet worden ist.

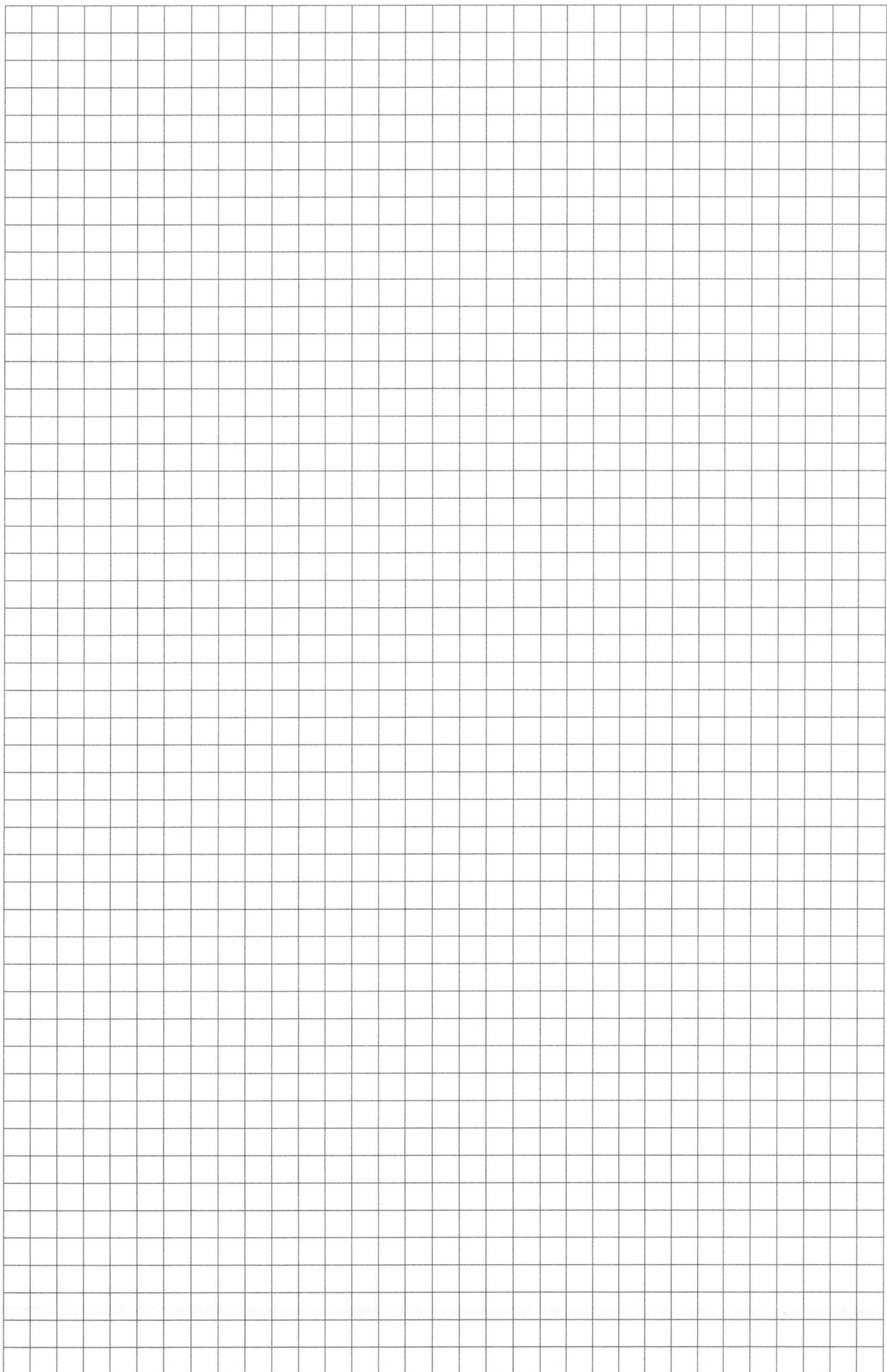

Aufgabe 64: Gewinnvortrag, Vorabausschüttung, Spendenabzug

Die Hänsel & Gretel GmbH mit Sitz in Mönchengladbach weist in ihrer Bilanz zum 31.12.2020 einen Bilanzgewinn i. H. v. 320.000,00 € aus.

In dem Bilanzgewinn ist ein Gewinnvortrag aus dem Vorjahr i. H. v. 70.000,00 € enthalten.

Eine in 2020 vorgenommene Vorabausschüttung i. H. v. insgesamt 30.000,00 € hat den Bilanzgewinn gemindert.

Zu der Gewinn- und Verlustrechnung 2020 (Wirtschaftsjahr = Kalenderjahr) liegen u. a. folgende Informationen vor:

1. Ordnungsgemäß belegte Bewirtungsaufwendungen aus geschäftlichem Anlass i. H. v. 7.500,00 € wurden als Aufwand gewinnmindernd gebucht. Von diesen 7.500,00 € sind insgesamt 2.500,00 € als „unangemessen" anzusehen. Die hierauf entfallende Umsatzsteuer wurde als nicht abzugsfähige Vorsteuer behandelt und als Aufwand gebucht.

2. Im Laufe des Wirtschaftsjahres 2020 sind als Aufwand gewinnmindernd gebucht worden:

   ▸ Vorauszahlungen für Körperschaftsteuer 2020   35.000,00 €
   ▸ Vorauszahlungen für Solidaritätszuschlag 2020   1.925,00 €
   ▸ Vorauszahlungen für Gewerbesteuer 2020   41.000,00 €

3. Im Umlaufvermögen der GmbH befinden sich festverzinsliche Wertpapiere. Die Zinsen für 2020 wurden bei der Ermittlung des Jahresüberschusses zutreffend gewinnerhöhend erfasst. In diesem Zusammenhang hat die GmbH die Kapitalertragsteuer i. H. v. 1.000,00 € und den Solidaritätszuschlag i. H. v. 55,00 € (nicht enthalten in dem bei Nr. 2 genannten Betrag) gewinnmindernd als Aufwand erfasst.

4. Aus betrieblichen Mitteln geleistete Spenden sind im VZ 2020 in voller Höhe gewinnmindernd erfasst worden:

   ▸ Spende an die evangelische Kirchengemeinde Rheydt   6.000,00 €
   ▸ Spende an die Hochschule Niederrhein, Mönchengladbach   17.000,00 €
   ▸ Spende an eine politische Partei (Ortsverband Mönchengladbach)   5.000,00 €

   Ordnungsgemäße Zuwendungsbestätigungen liegen jeweils vor.

Aufgabe
Ermitteln Sie für die Hänsel & Gretel GmbH in einer übersichtlichen Darstellung für den VZ 2020 das zu versteuernde Einkommen und die Höhe der Tarifbelastung.

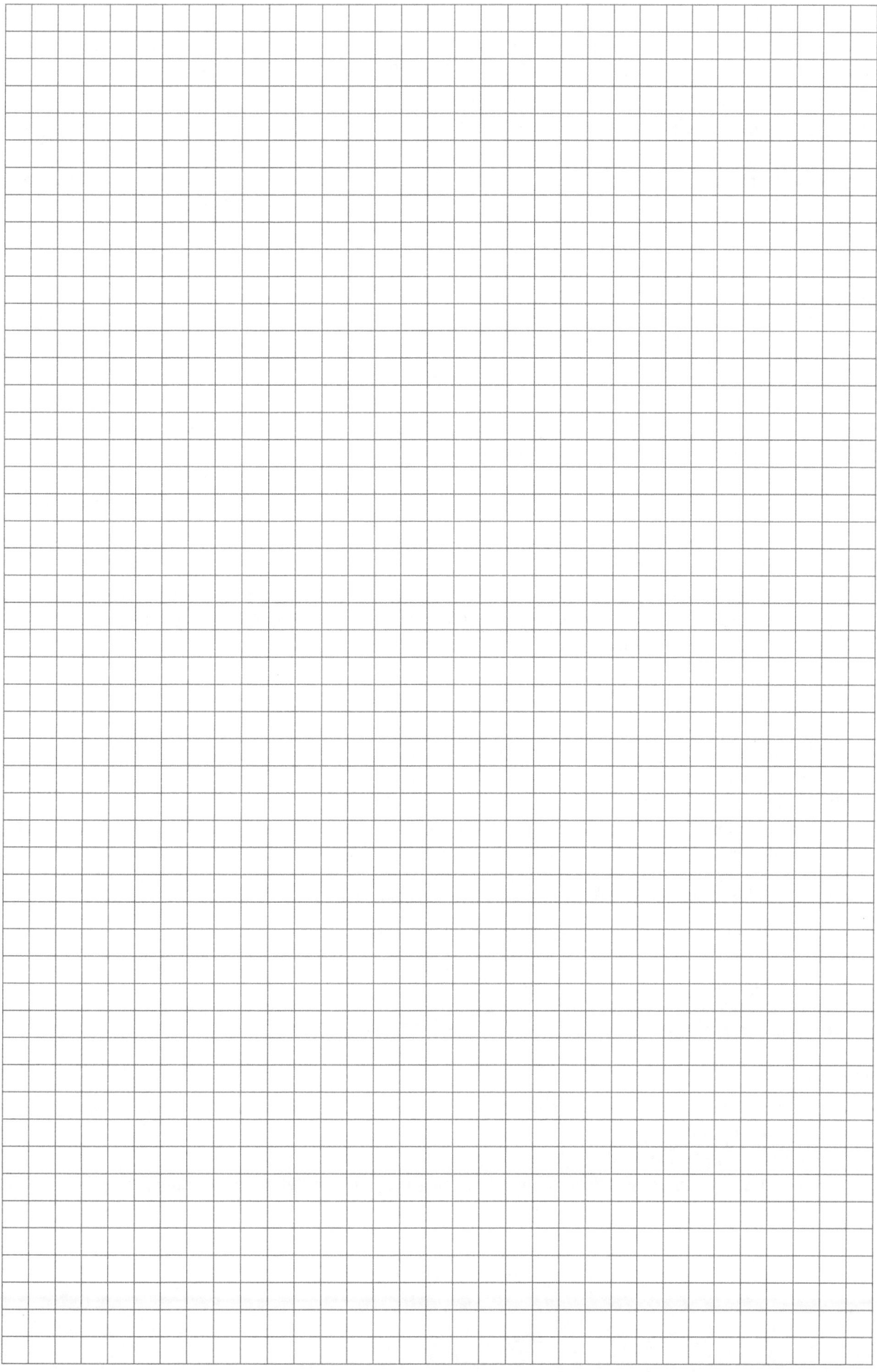

Aufgabe 65: Beteiligungserträge, Rückstellungen

Die Oldie & Runner GmbH aus Münster weist in ihrer nach handelsrechtlichen Vorschriften ermittelten Gewinn- und Verlustrechnung für das Wirtschaftsjahr (= Kalenderjahr) 2020 folgende Positionen aus:

Gewinn- und Verlustrechnung 2020	Aufwendungen	Erträge
Umsatzerlöse		1.965.000,00 €
Beteiligungserträge		**35.000,00 €**
Wareneinsatz	494.155,00 €	
Personalaufwand	378.000,00 €	
Abschreibungen auf Sachanlagen	154.043,75 €	
Geschenke an Geschäftsfreunde jeweils über 35,00 €	3.000,00 €	
Vorsteuer gem. § 15 Abs. 1a Satz 1 UStG hierauf	570,00 €	
Sonstige betriebliche Aufwendungen	492.200,00 €	
Spende an eine anerkannte gemeinnützige Organisation	1.500,00 €	
Gewerbesteueraufwand	32.000,00 €	
KSt-Vorauszahlungen	60.000,00 €	
SolZ-Vorauszahlungen	3.300,00 €	
Kapitalertragsteuer auf Beteiligungserträge	8.750,00 €	
SolZ auf Kapitalertragsteuer (Beteiligungserträge)	481,25 €	
Jahresüberschuss 2020	372.000,00 €	
	2.000.000,00 €	**2.000.000,00 €**

Bei den **Beteiligungserträgen** handelt es sich um folgende zwei Geschäftsvorfälle:

1. Die Oldie & Runner GmbH ist zu 20 % an der Blau AG mit Sitz in Dortmund beteiligt. Die von der Blau AG im Mai 2020 für 2019 gezahlte Dividende wurde nach Abzug von 5.000,00 € Kapitalertragsteuer und 275,00 € Solidaritätszuschlag i. H. v. 14.725,00 € dem Bankkonto der GmbH gutgeschrieben. Eine ordnungsgemäße Steuerbescheinigung liegt vor.

   Die Oldie & Runner GmbH hat den Vorgang wie folgt gebucht:

Bank	*14.725,00 €*	
Kapitalertragsteuer	*5.000,00 €*	
Solidaritätszuschlag	*275,00 €*	
***an** Erträge aus Beteiligungen*		*20.000,00 €*

2. Die Oldie & Runner GmbH ist außerdem zu 5 % an der Mustermann AG mit Sitz in Düsseldorf beteiligt. Die von der Mustermann AG im Mai 2020 für 2019 gezahlte Dividende wurde nach Abzug von 3.750,00 € Kapitalertragsteuer und 206,25 € Solidaritätszuschlag i. H. v. 11.043,75 € dem Bankkonto der GmbH gutgeschrieben. Eine ordnungsgemäße Steuerbescheinigung liegt vor.

   Die Oldie & Runner GmbH hat den Vorgang wie folgt gebucht:

Bank	*11.043,75 €*	
Kapitalertragsteuer	*3.750,00 €*	
Solidaritätszuschlag	*206,25 €*	
***an** Erträge aus Beteiligungen*		*15.000,00 €*

Aufgaben

a) Ermitteln Sie in einer übersichtlichen Darstellung für den VZ 2020 das zu versteuernde Einkommen der Oldie & Runner GmbH.
   Nichtansätze sind kurz zu begründen.

   Hinweis: Das zu versteuernde Einkommen ist auf einen vollen Euro-Betrag abzurunden.

b) Ermitteln Sie für die Oldie & Runner GmbH in einer übersichtlichen Darstellung für den VZ 2020

  1. die Rückstellungen für die Körperschaftsteuer und für den Solidaritätszuschlag

  2. den endgültigen handelsrechtlichen Jahresüberschuss.

Aufgabe 66: Verdeckte Gewinnausschüttung

Entscheiden und begründen Sie, ob für den VZ 2020 eine verdeckte Gewinnausschüttung (vGA) vorliegt und berechnen Sie deren Höhe.

1. Bei der Jim Panse GmbH aus Bonn sind folgende Geschäftsvorfälle gebucht worden:

    a) Die erfassten Personalaufwendungen betragen insgesamt 400.000,00 €. Darin ist auch das Geschäftsführergehalt von Jim Panse i. H. v. 132.000,00 € enthalten. Angemessen wäre dagegen im Fremdvergleich lediglich ein Gehalt von 96.000,00 €.

    b) Der Gesellschafter Jim Panse hat der GmbH ab dem 01.07.2020 bis zum 31.12.2020 ein Einfamilienhaus für eine Monatsmiete von 2.737,00 € vermietet. Dieser Betrag enthält 19 % Umsatzsteuer. Die GmbH nutzt das Gebäude als Lagerraum. Alle Mieten wurden im VZ 2020 als Aufwand gebucht und der Vorsteuerabzug wurde geltend gemacht. Die ortsübliche Miete für ein vergleichbares Gebäude beträgt monatlich netto 1.300,00 €.

    c) Die Jim Panse GmbH hat mit der volljährigen Anna Panse, Tochter des Geschäftsführers Jim Panse, zum 01.07.2020 einen Ausbildungsvertrag für ein duales Studium abgeschlossen. Anna Panse unternahm ab dem 01.07.2020 zunächst für sechs Monate eine Weltreise und bezog dennoch ihre vereinbarte Ausbildungsvergütung. Der Bruttoarbeitslohn und der Arbeitgeberanteil zur Sozialversicherung von monatlich insgesamt 2.000,00 € wurde auf dem Konto „Gehaltsaufwendungen" erfasst; der Nettobetrag wurde auf das Girokonto der Anna Panse überwiesen.

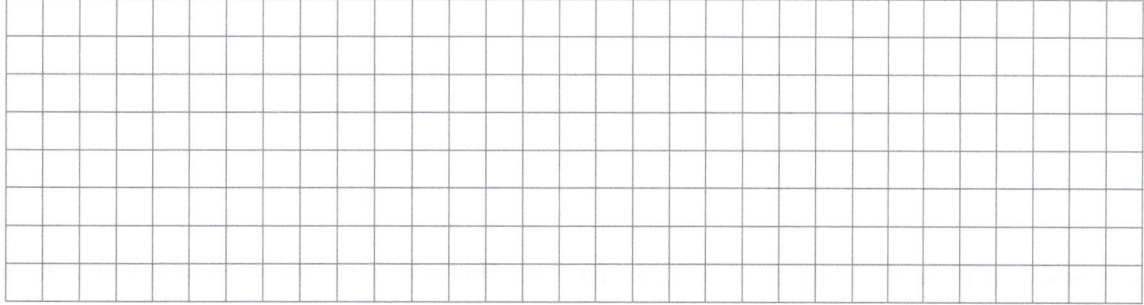

2. An der Frank Reich GmbH aus Essen sind Frank Reich mit 75 % und Hans Wurst mit 25 % am Stammkapital beteiligt. Frank Reich ist alleiniger Geschäftsführer der GmbH. Hans Wurst ist Arbeitnehmer in der Lohnbuchhaltung.

Folgende Geschäftsvorfälle sind zu beurteilen:

a) In der Gesellschafterversammlung vom 30.06.2020 wurde beschlossen, das Gehalt des Geschäftsführers Frank Reich ab dem 01.01.2020 um 1.000,00 € und des Gesellschafters Hans Wurst ebenfalls ab dem 01.01.2020 um 500,00 € monatlich rückwirkend zu erhöhen. Die Gehälter beider Gesellschafter sind auch nach der Erhöhung noch angemessen und wurden als Personalaufwand erfasst.

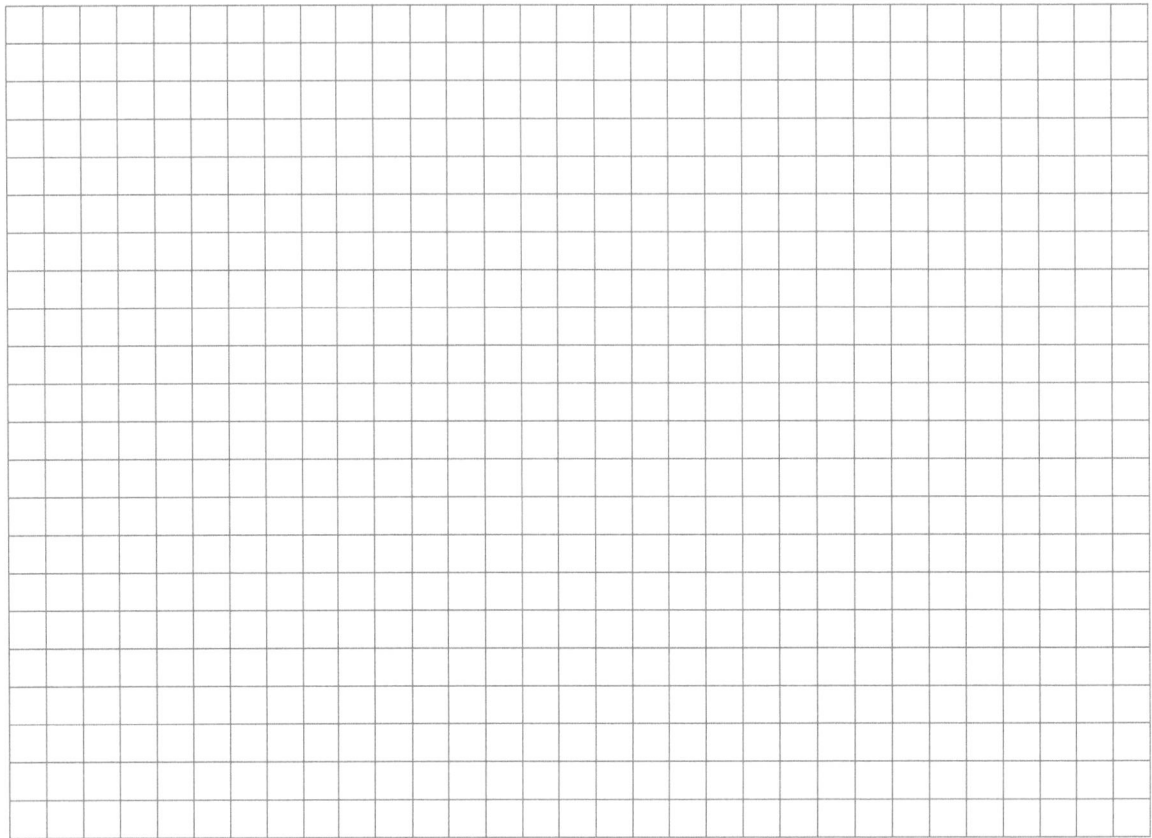

b) Die Zinsaufwendungen für langfristige Verbindlichkeiten betragen insgesamt 52.500,00 €. Darin sind Zinsen für ein Darlehen enthalten, das die Ehefrau Emma Reich auf Rat ihres Ehemannes Frank Reich der GmbH aus ihrem Privatvermögen am 01.07.2020 i. H. v. 400.000,00 € zur Finanzierung eines Grundstückskaufs gewährt hat. Vertraglich wurde ein Zinssatz von 7,5 % p. a. vereinbart. Die anteiligen Zinsen (01.07. - 31.12.2020) i. H. v. 15.000,00 € für das tilgungsfreie Darlehen wurden am 31.12.2020 gezahlt und ordnungsgemäß gebucht. Der marktübliche Zinssatz hätte unter fremden Dritten zum Zeitpunkt der Darlehensgewährung lediglich 5 % betragen.

Aufgabe 67: Einkunftsarten der Gesellschafter

Aus dem Jahresergebnis 2019 hat die Dennis Schläger GmbH aus Leverkusen laut Beschluss vom 17.03.2020 eine Ausschüttung i. H. v. insgesamt 70.000,00 € am 01.04.2020 wie folgt vorgenommen:

Gesellschafter/ Gesellschafterin	Beteiligung in Euro/in %	Ausschüttung/Abzugsbeträge	Gutschrift beim Gesellschafter
Schläger, Dennis e. K. (Steuerpflichtiger)	20.000 €/80 %	56.000,00 € - 14.000,00 € KapESt - 770,00 € SolZ	41.230,00 €
Schläger-Brust, Karin (Ehefrau)	5.000 €/20 %	14.000,00 - 3.500,00 € KapESt - 192,50 € SolZ	10.307,50 €

Aufgaben

a) Karin Schläger-Brust hält die Beteiligung an der Schläger GmbH im Privatvermögen.
Werbungskosten im Zusammenhang mit der Beteiligung kann sie i. H. v. 1.800,00 € belegmäßig nachweisen.

Karin Schläger-Brust hat keine weiteren Beteiligungs- oder Zinserträge im VZ 2020 erzielt und wird mit ihrem Ehemann zusammenveranlagt.

Einen Antrag gem. § 32d Abs. 2 Nr. 3 Buchst. b) hat sie **nicht** gestellt.

Bestimmen Sie die Einkunftsart und die Höhe ihrer Einkünfte aus dieser Beteiligung dem Grunde nach unter Angabe der gesetzlichen Grundlage für den VZ 2020. Nichtansätze sind kurz zu begründen.

Einkunftsart:

Höhe der Einkünfte:

b) Dennis Schläger hat die Ausschüttung vom 01.04.2020 als Betriebseinnahme ordnungsgemäß erfasst, da die Beteiligung an der Schläger GmbH zum Betriebsvermögen seiner Unternehmung Schläger-Transporte e. K. gehört.

Dieses Unternehmen betreibt Dennis Schläger seit mehreren Jahren in Leverkusen.

Im Zusammenhang mit dieser Beteiligung hatte Dennis Schläger im VZ 2020 Aufwendungen i. H. v. 2.500,00 €.

Am 17.03.2020 wurde außerdem für Dennis Schläger eine umsatzabhängige Sonderzahlung für das Wirtschaftsjahr 2020 vertraglich beschlossen und noch in 2020 ausgezahlt. Gebucht wurde:

Tantiemen Gesellschafter   20.000,00 €
an *Bank*   20.000,00 €

Auf lohnsteuer- und sozialversicherungsrechtliche Probleme ist aus Vereinfachungsgründen nicht einzugehen.

Bestimmen Sie für Dennis Schläger die Einkunftsart(en) und die Höhe seiner steuerpflichtigen Einkünfte aus dieser Beteiligung unter Angabe der gesetzlichen Grundlagen für den VZ 2020.

Einkunftsart:

Steuerpflichtige Einkünfte:

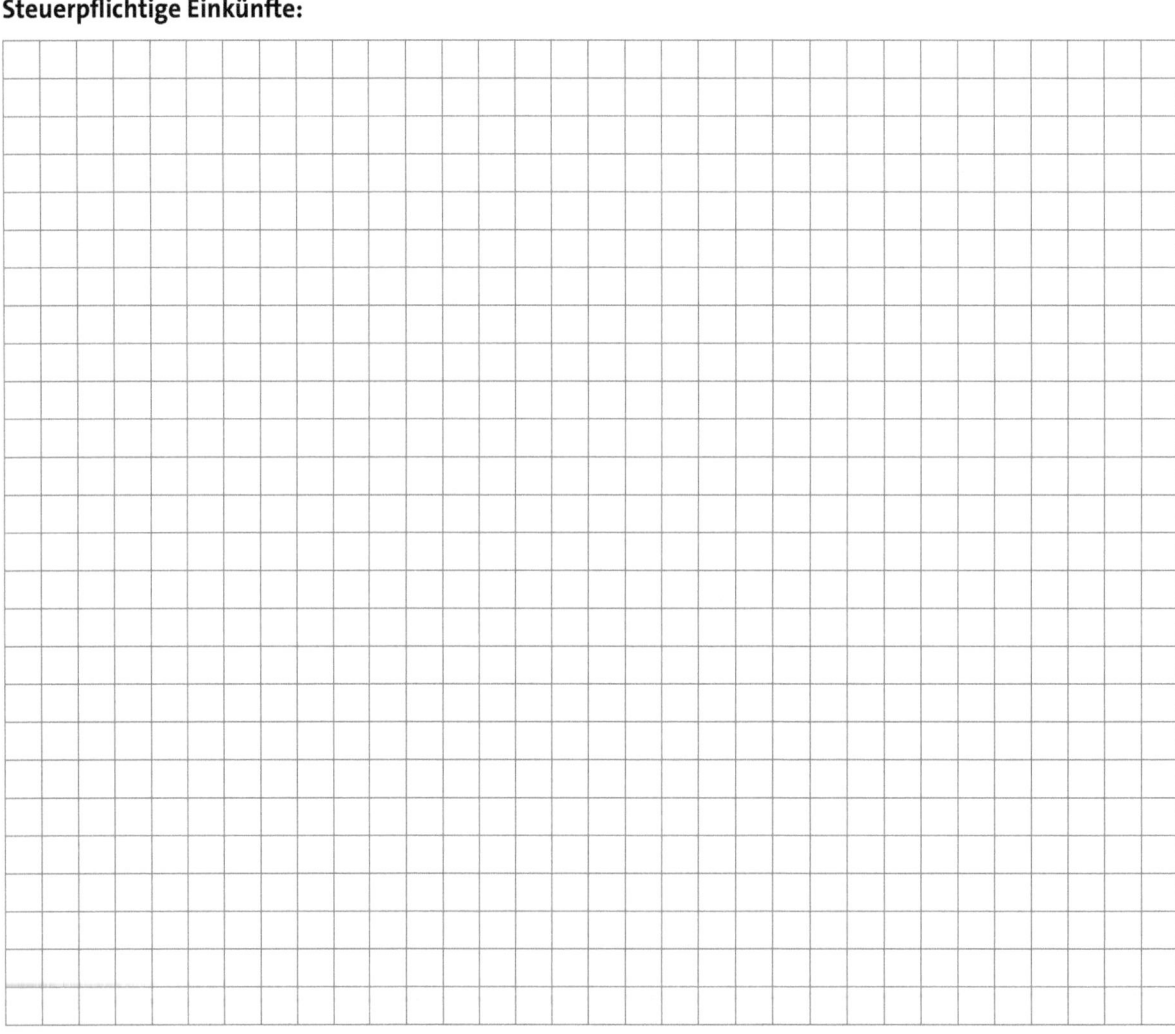

Aufgabe 68: Verdeckte Gewinnausschüttung beim Gesellschafter

Anna Bolika ist zu 70 % an der Anna Bolika GmbH mit Sitz in Nürnberg beteiligt.

► Die Anna Bolika GmbH hat am 23.11.2020 für das Wirtschaftsjahr 2019 eine Bruttodividende i. H. v. insgesamt 50.000,00 € ordnungsgemäß beschlossen.
Anna Bolika erhielt ihren Betrag am 30.11.2020 auf ihrem privaten Bankkonto gutgeschrieben.

► An die Geschäftsführerin Anna Bolika wurde vom 01.01. - 31.10.2020 ein Geschäftsführergehalt i. H. v. monatlich 4.000,00 € gezahlt. Ab 01.11.2020 wurde dieses rückwirkend zum 01.01.2020 um monatlich 1.000,00 € erhöht. Das Gehalt ist der Höhe nach angemessen. Der Gesamtbetrag i. H. v. 60.000,00 € ist in den gebuchten Personalaufwendungen enthalten.

► Anna Bolika hat der GmbH vom 01.01.2020 - 31.12.2020 die Doppelgarage in ihrem privaten Wohnhaus für monatlich 1.000,00 € umsatzsteuerfrei vermietet. Die Jahresmiete i. H. v. 12.000,00 € wurde in der Buchführung der GmbH als Mietaufwendungen gebucht. Die ortsübliche Marktmiete für diese Garage beträgt monatlich 600,00 €.

Aufgabe

Ermitteln Sie in einer übersichtlichen Darstellung unter Angabe der Einkunftsarten für die Gesellschafterin Anna Bolika die Summe der Einkünfte für den VZ 2020.

Alle notwendigen Anträge zur Erlangung des höchstmöglichen steuerlichen Vorteils gelten als gestellt und die dazu erforderlichen Nachweise als erbracht. Das gilt insbesondere auch für den Antrag auf Versteuerung nach § 32d Abs. 2 Satz 1 Nr. 3 Buchst. a) EStG i. V. m. § 3 Nr. 40 Buchst. d) EStG.

C. Gewerbesteuer

Aufgabe 69: Ermittlungsschema, Vorauszahlungen, Ermäßigung nach § 35 EStG

Für den Erhebungszeitraum (EZ) 2020 ergeben sich folgende Werte:

- ▶ Gewinn aus Gewerbebetrieb   105.672,00 €
- ▶ Hinzurechnungen gem. § 8 GewStG   36.500,00 €
- ▶ Kürzungen gem. § 9 GewStG   16.829,00 €
- ▶ Hebesatz   460 %

Aufgaben

1. Ermitteln Sie für den EZ 2020 die festzusetzende Gewerbesteuer, wenn es sich um eine

   a) Einzelunternehmung bzw.

   b) Kapitalgesellschaft

   handelt.

   a) **Einzelunternehmung:**

   b) **Kapitelgesellschaft:**

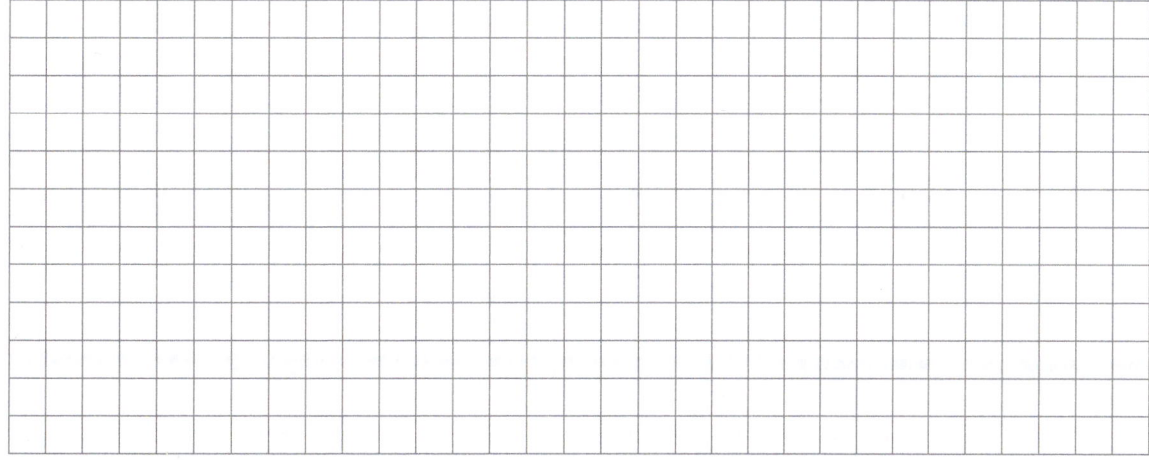

2. a) Zu welchen Terminen sind im EZ 2021 gem. § 19 GewStG Vorauszahlungen auf die zu erwartende Gewerbesteuer 2021 zu entrichten?

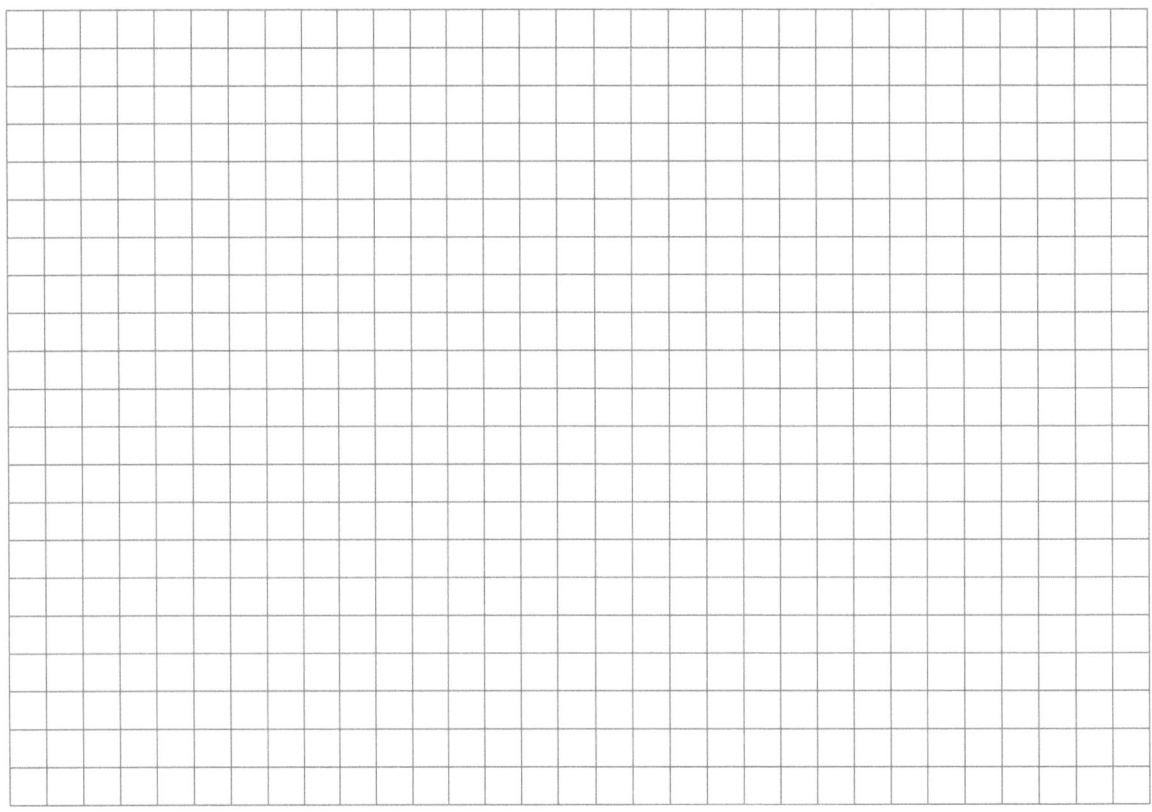

   b) Bestimmen Sie die Höhe der einzelnen Vorauszahlungen.

3. a) Wie wird bei einem Einzelunternehmer die Gewerbesteuer bei der steuerlichen Gewinnermittlung behandelt?

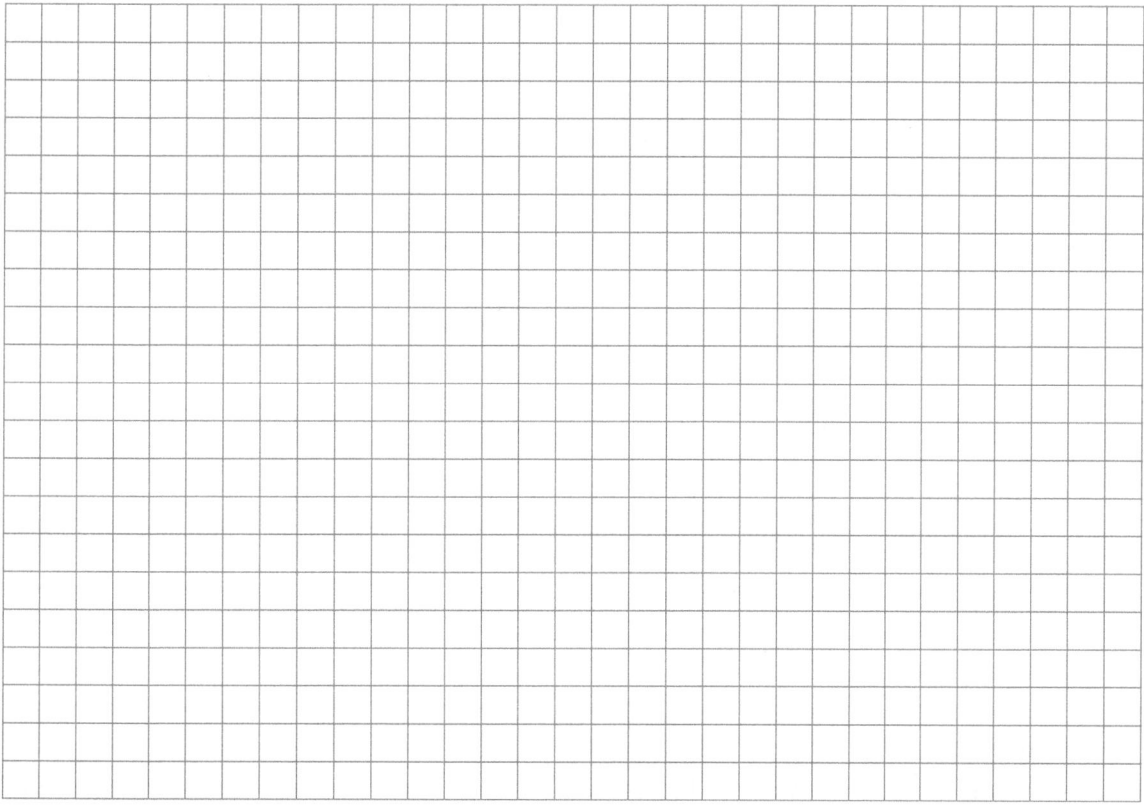

b) In welcher Höhe mindert sich bei einem Einzelunternehmer die tarifliche Einkommensteuer?

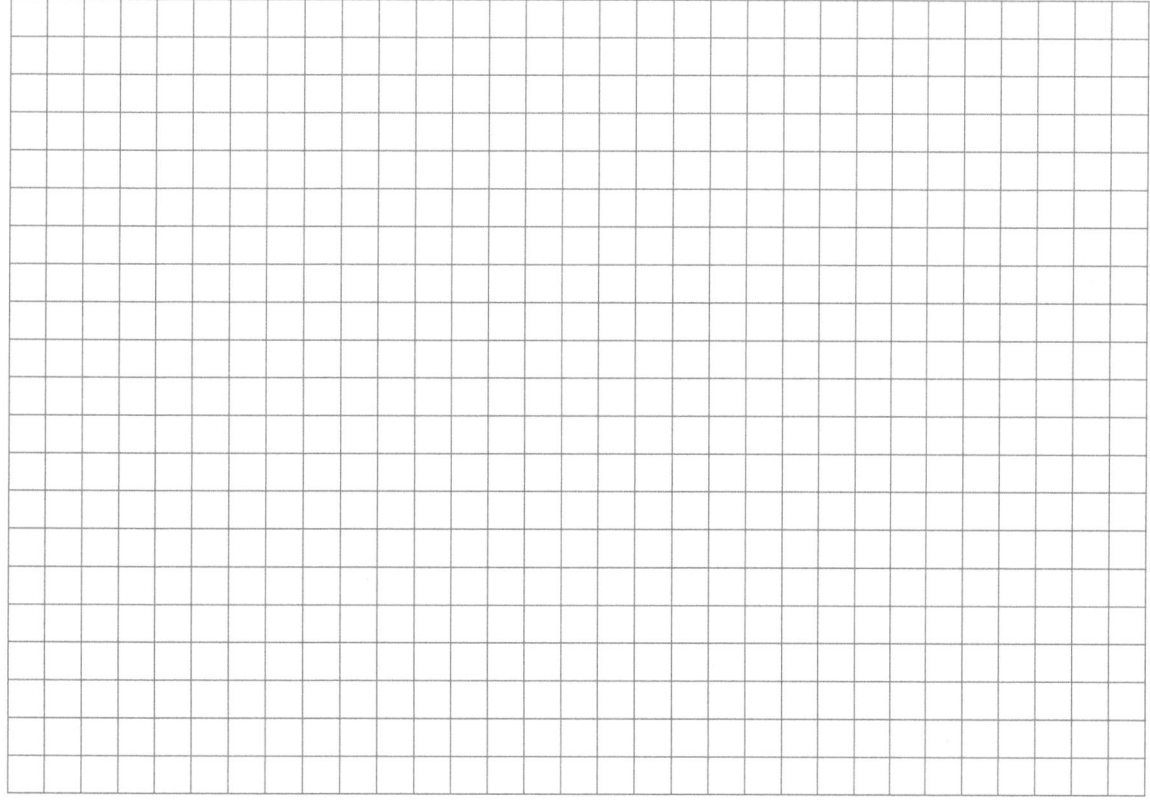

Aufgabe 70: Gewinnkorrekturen, Hinzurechnungen, Kürzungen

Claudia Schliffer betreibt in A-Dorf (Hebesatz: 460 %) eine Großhandlung für Lacke und Farben.

Für den EZ 2020 ergibt sich Folgendes:

1. Der vorläufige handelsrechtliche Gewinn beträgt 150.000,00 €.

2. Claudia Schliffer betätigt sich außerdem als Malerin. Für die von ihr gemalten Ölgemälde erzielte sie im EZ 2020 einen Gewinn i. H. v. 7.000,00 €.

3. Die Gewerbesteuervorauszahlungen im EZ 2020 beliefen sich auf 7.500,00 € pro Quartal. Im Juli 2020 erstattete die Gemeinde A-Dorf zu viel gezahlte Gewerbesteuer für den Erhebungszeitraum 2019 i. H. v. 1.000,00 €. Sowohl die Vorauszahlungen als auch die Erstattung wurden erfolgswirksam gebucht.

4. Am 01.05.2020 hat Claudia Schliffer ein Fälligkeitsdarlehen i. H. v. 750.000,00 € zu nachfolgenden Bedingungen aufgenommen:

    ► Zinssatz   10,25 % p. a.
    ► Laufzeit   zehn Jahre
    ► Auszahlungskurs   97 %

5. Im Betriebsvermögen der Claudia Schliffer befindet sich eine Beteiligung an der Immobilien OHG, die ihren Sitz in Wuppertal hat.
    Claudia Schliffer hat den daraus zugewiesenen Verlustanteil von 73.500,00 € gebucht.

6. Für die geleasten Betriebsfahrzeuge wurden Leasingraten von monatlich 20.000,00 € an die Leasing AG Düsseldorf gezahlt und gebucht.

7. Claudia Schliffer entrichtete eine Jahresgebühr von 25.000,00 € für die Nutzung einer Lizenz und setzte diesen Betrag in voller Höhe als Betriebsausgabe an.

8. Der Einheitswert des Betriebsgrundstückes beträgt 75.000,00 € (Wertverhältnisse zum 01.01.1964). Zum 01.01.2020 diente das Grundstück zu 100 % gewerblichen Zwecken. Am 01.07.2020 trat eine Nutzungsänderung ein, so dass das Grundstück nur noch zu 75 % gewerblichen Zwecken dient.

9. Claudia Schliffer spendete die folgenden Beträge, die sie vom betrieblichen Bankkonto bezahlte und als Sonderausgaben erfasste:

    ► Spende an eine politische Partei   10.000,00 €
    ► gemeinnützige Spenden   40.000,00 €

    Die Summe der Löhne, Gehälter und Umsätze beläuft sich im EZ 2020 auf 1.000.000,00 €.

Aufgabe
Ermitteln Sie in einer übersichtlichen Darstellung für den EZ 2020 die Gewerbesteuer der Claudia Schliffer.

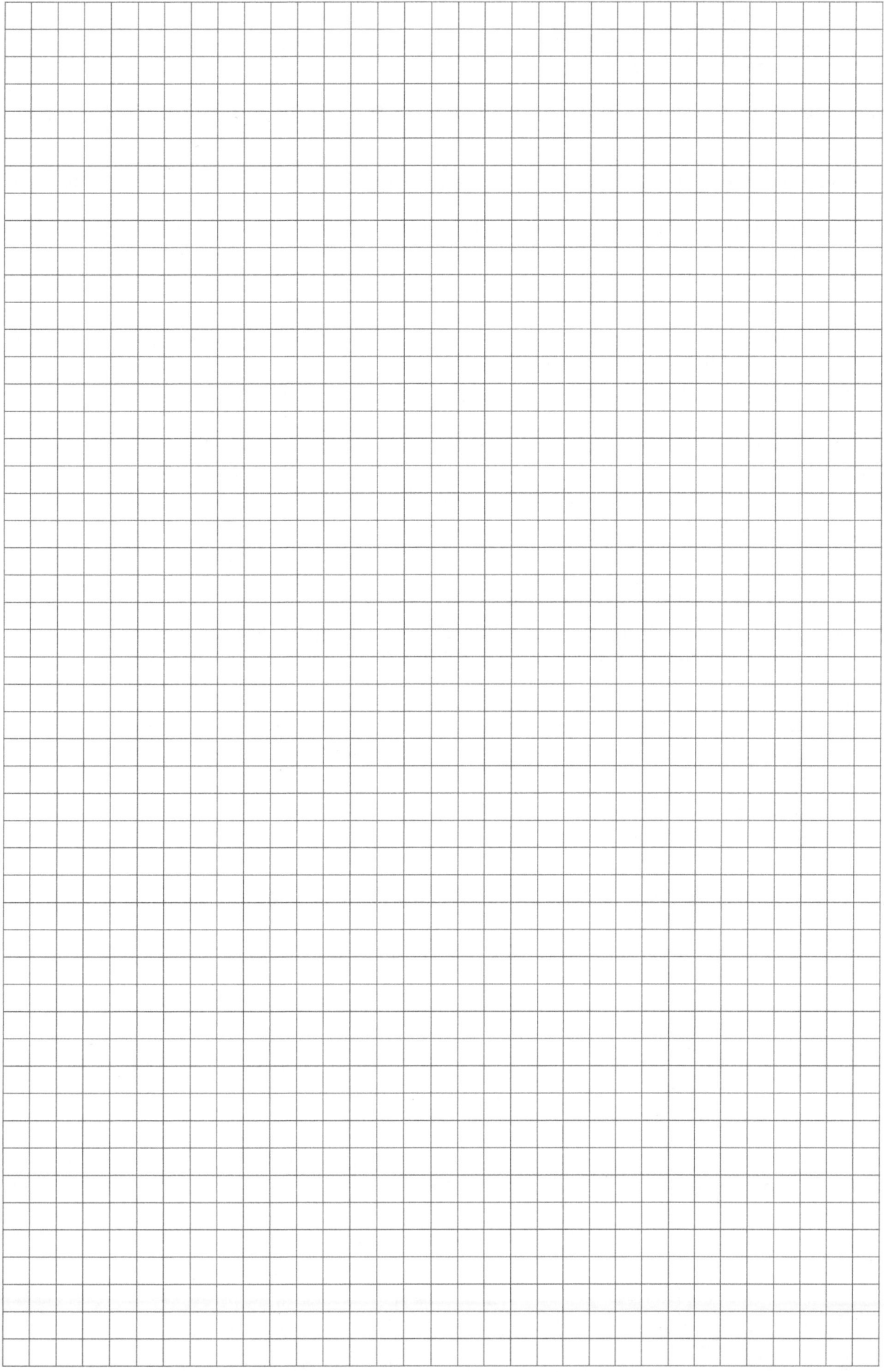

Aufgabe 71: Gewerbesteuerrückstellung

Der Einzelunternehmer David Böhmer e. K. ist seit Jahren in A-Dorf ansässig, wo er einen Groß- und Einzelhandel für Fußbodenbeläge betreibt.

Er ermittelt seinen Gewinn gem. § 238 Abs. 1 HGB i. V. m. § 5 Abs. 1 EStG und das Wirtschaftsjahr entspricht dem Kalenderjahr.

Die Handelsbilanz zum 31.12.2020 weist einen handelsrechtlichen Jahresüberschuss i. H. v. 181.000,00 € aus.

Den Aufzeichnungen und Belegen können Sie im Rahmen der Veranlagung zur Gewerbesteuer für den Erhebungszeitraum (EZ) 2020 noch folgende Informationen entnehmen:

1. Bei der Ermittlung des Jahresüberschusses für das Wirtschaftsjahr (= Erhebungszeitraum) 2020 wurden Gewerbesteuervorauszahlungen i. H. v. insgesamt 28.880,00 € als Aufwand erfasst.

2. Ausweislich der Gewinn- und Verlustrechnung 2020 hat David Böhmer die nachfolgend genannten betrieblichen Zinsaufwendungen Gewinn mindernd erfasst:

   ► 280.888,00 € Darlehenszinsen für ein langfristiges Grundschulddarlehen bei der Westdeutschen Landesbank und

   ► 53.212,00 € Zinsen für einen kurzfristigen Betriebsmittelkredit (Dispo-Kredit) bei der Stadtsparkasse A-Dorf.

3. David Böhmer hat seinen gesamten betrieblichen Fuhrpark bei der AUTO & LEASING GmbH in A-dorf geleast. Die Leasingraten hierfür betrugen im EZ 2020 insgesamt 120.000,00 € zzgl. 19 % Umsatzsteuer.

4. David Böhmer hat während des gesamten EZ 2020 in der Innenstadt von A-Dorf Ausstellungsräume zur Präsentation seines Warensortiments gemietet. Die jährlichen Mietaufwendungen betrugen 108.000,00 € (9.000,00 €/Monat) zzgl. 19 % Umsatzsteuer.

5. Der Einheitswert des betrieblich genutzten Grundbesitzes beträgt 280.000,00 € (Wertverhältnisse zum 01.01.1964; 80 % betriebliche Nutzung). Der Grundbesitz ist nicht von der Grundsteuer befreit.

Aufgabe
Ermitteln Sie in einer übersichtlichen rechnerischen Darstellung unter Verwendung der entsprechenden gewerbesteuerlichen Fachbegriffe die Gewerbesteuerrückstellung für den Erhebungszeitraum 2020.

(Hinweis: Der Hebesatz von A-Dorf beträgt 440 %.)

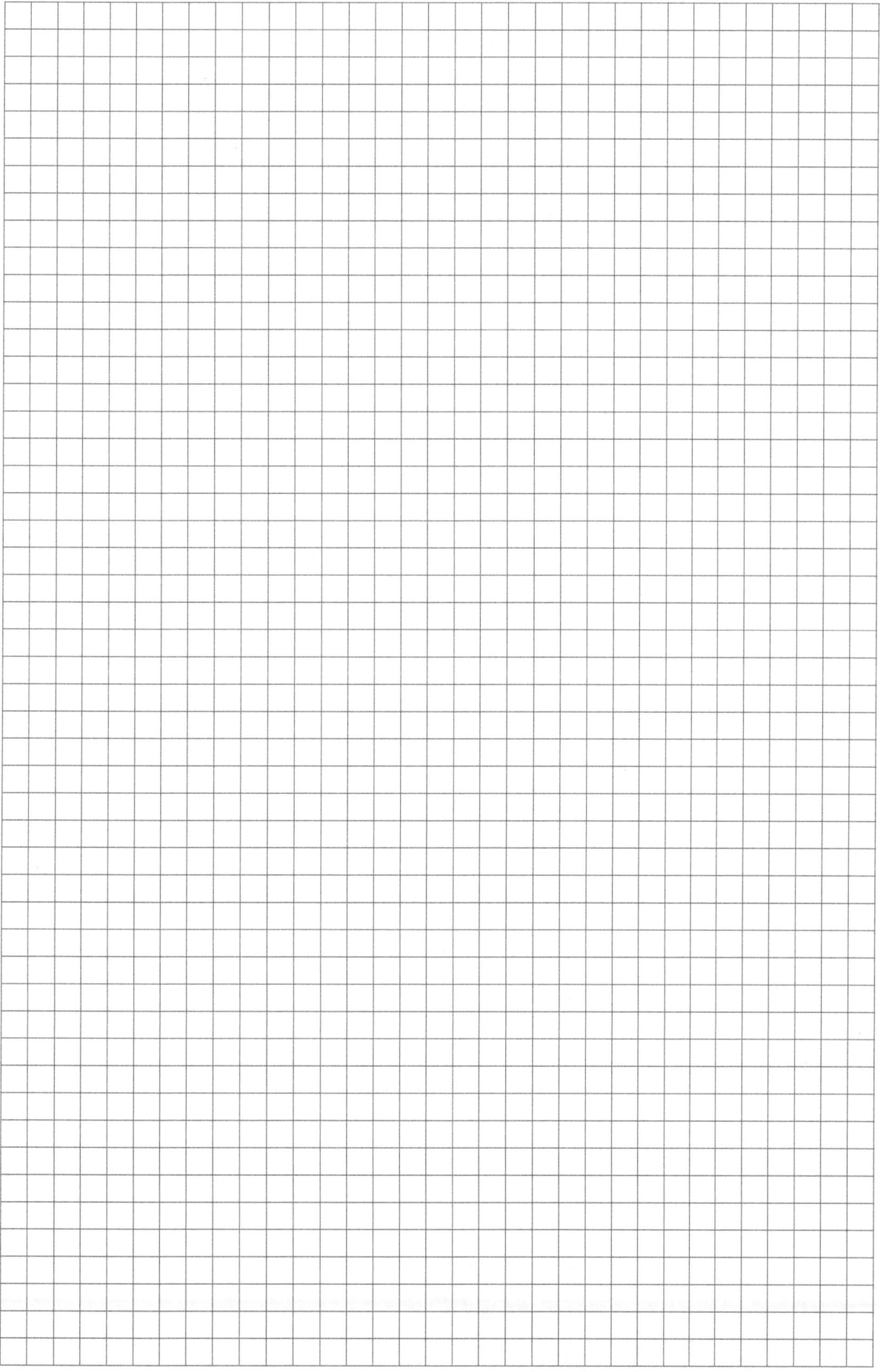

Aufgabe 72: Gewerbeverlust

Der Einzelunternehmer Michael Sommer e. K. betreibt in A-Dorf einen Supermarkt.

Für den Erhebungszeitraum (EZ) 2020 (Wirtschaftsjahr = Kalenderjahr) beträgt der vorläufig ermittelte steuerrechtliche Gewinn 40.000,00 €.

Die folgenden Sachverhalte haben sich im EZ 2020 gewinnmindernd ausgewirkt:

▸ Der Supermarkt befindet sich in einem dem Michael Sommer gehörenden Gebäude.
  Das Gebäude wird zu 80 % für den Supermarkt und zu 20 % für eigene Wohnzwecke des Michael Sommer genutzt.

  Zur Finanzierung der gesamten Herstellungskosten des Gebäudes hat Michael Sommer im EZ 2006 ein Darlehen i. H. v. 400.000,00 € aufgenommen.

  Im EZ 2020 hat Michael Sommer Schuldzinsen für dieses Darlehen i. H. v. 28.000,00 € gezahlt, die in **voller Höhe** als Betriebsausgaben abgezogen wurden.

  Der Einheitswert des Gebäudes wurde mit 100.000,00 € festgestellt.

▸ Für den betrieblichen Kontokorrentkredit hat Michael Sommer im EZ 2020 Zinsen i. H. v. 60.000,00 € bezahlt.

▸ Seit dem EZ 2019 hat Michael Sommer ein neben dem Supermarkt liegendes unbebautes Grundstück für monatlich 1.500,00 € gemietet, um es als Kundenparkplatz nutzen zu können.

▸ Die Ladeneinrichtung des Supermarktes hat Michael Sommer seit dem EZ 2017 für monatlich 4.500,00 € zzgl. 19 % Umsatzsteuer von einer Ladenbauunternehmung aus Oberhausen gemietet.

Das Finanzamt A-Dorf hat zum 31.12.2019 einen vortragsfähigen Gewerbeverlust i. H. v. 50.000,00 € bestandskräftig festgestellt.

Aufgaben

Ermitteln Sie in einer übersichtlichen Darstellung

1. für den EZ 2020 den Gewerbesteuermessbetrag und

2. den gesondert festzustellenden Gewerbeverlust zum 31.12.2020.

1. **Gewerbesteuermessbetrag zum 31.12.2020:**

2. **Gewerbeverlust zum 31.12.2020:**

Aufgabe 73: Gewerbeverlust

Hermann Hollands e. K. betreibt in A-Dorf einen Handel mit Keramikartikeln. Die Verkaufs- und Ausstellungshalle befindet sich im Eigentum des Einzelunternehmers, die Lagerhalle ist angemietet.

- ► Er ermittelt seinen Gewinn gem. § 238 Abs. 1 HGB i. V. m. § Abs. 1 EStG
- ► Das Wirtschaftsjahr entspricht dem Kalenderjahr
- ► Die Handelsbilanz zum 31.12.2020 weist einen handelsrechtlichen Jahresüberschuss i. H. v. 1.980.000,00 € aus.

Ansätze oder Beträge in der Handelsbilanz, die auf Grund der steuerrechtlichen Vorschriften zwingend geändert werden müssen, werden außerbilanziell im Rahmen des § 60 Abs. 2 EStDV angepasst.

Dem Jahresabschluss und den Aufzeichnungen sowie Belegen sind für den Erhebungszeitraum (EZ) 2020 folgende Informationen zu entnehmen:

- ► Der Einheitswert auf den 01.01.1964 des Betriebsgrundstücks beträgt 100.000,00 €. Das Betriebsgrundstück befindet sich seit dem Jahr 1999 im Betriebsvermögen.
- ► Der Mietaufwand für die Lagerhalle wurde mit 30.000,00 € monatlich gewinnmindernd gebucht.
- ► Die Gewerbesteuervorauszahlungen für das Jahr 2020 wurden i. H. v. 70.000,00 € als Aufwand erfasst. Darüber hinaus wurde eine Gewerbesteuerrückstellung i. H. v. 5.000,00 € für das Jahr 2020 gebildet.
- ► Die zutreffend erfassten Zinsaufwendungen für kurzfristige Kontokorrentkredite betrugen insgesamt 80.000,00 €.
- ► Für ein Auslieferungsfahrzeug zahlte Hermann Hollands von Januar bis Dezember 2020 eine Leasingrate i. H. v. 2.000,00 € monatlich zzgl. 19 % USt an die Westleasing GmbH.

Es besteht aus den Vorjahren ein noch verrechenbarer Gewerbeverlust i. H. v. insgesamt 1.895.000,00 €.

Aufgabe
Ermitteln Sie in einer übersichtlichen rechnerischen Darstellung unter Verwendung der entsprechenden gewerbesteuerlichen Fachbegriffe den Gewerbesteuermessbetrag für den EZ 2020.

Der Gewerbesteuermessbetrag kann ggf. auf einen vollen €-Betrag abgerundet werden.

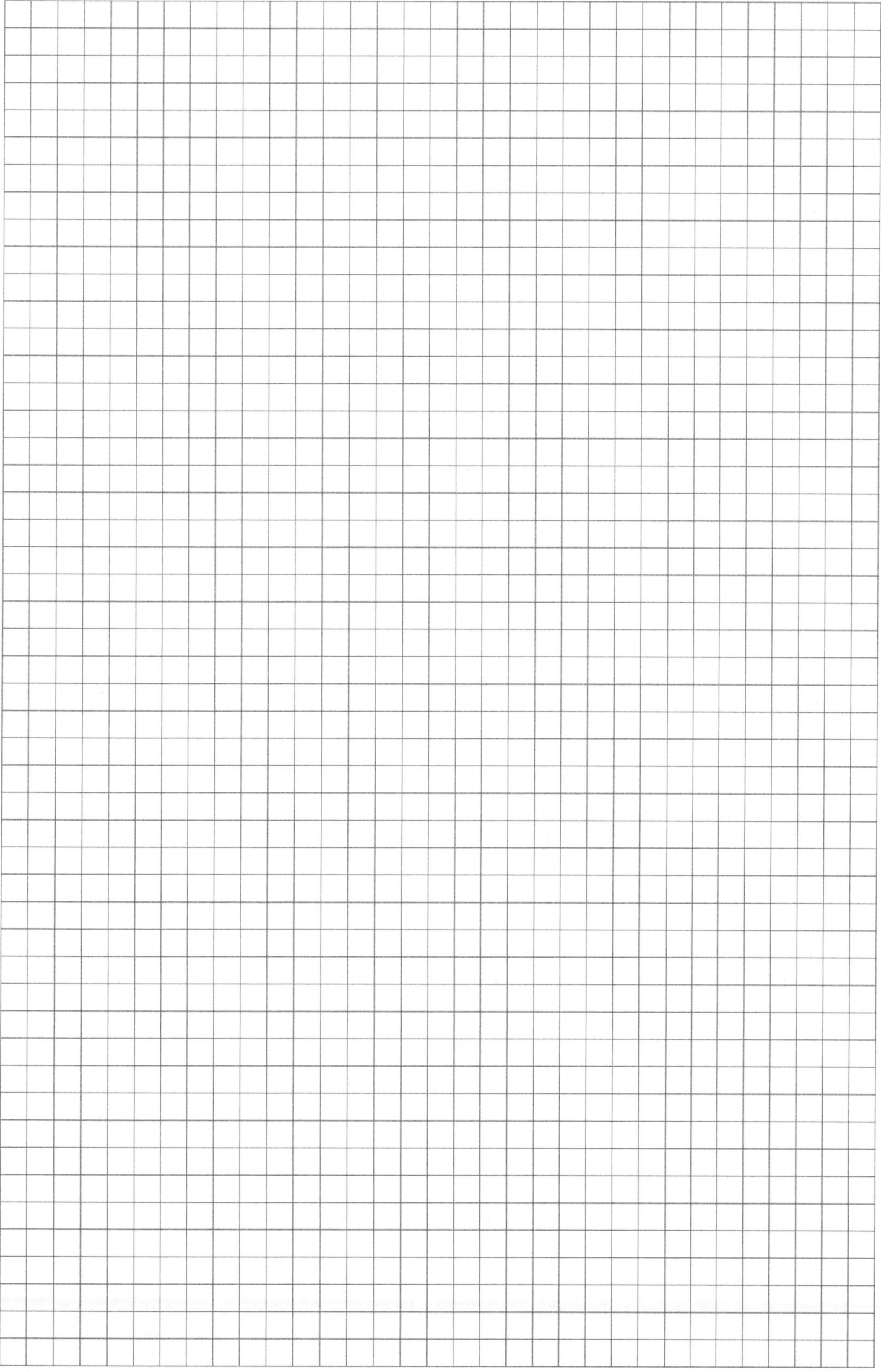

Aufgabe 74: Gewinnkorrekturen, Gewerbesteuer einer OHG

Die Kai Muster OHG betreibt in A-Dorf (Hebesatz: 480 %) einen Gewerbebetrieb für Blech- und Stahlverarbeitung. Das Wirtschaftsjahr entspricht dem Kalenderjahr.

Für den Erhebungszeitraum (EZ) 2020 beträgt der nach § 238 Abs. 1 HGB i. V. m. § 5 Abs. 1 EStG vorläufig ermittelte handelsrechtliche Gewinn 151.000,00 €.

Die folgenden Einzelsachverhalte, die sich bei der Gewinnermittlung erfolgswirksam ausgewirkt haben, sind noch zu beurteilen:

1. Die vierteljährlichen Gewerbesteuervorauszahlungen betrugen jeweils 9.000,00 € und wurden auf dem Konto „Gewerbesteuer" erfasst.

2. Der OHG-Gesellschafter Kai Muster erhielt für seine Tätigkeit als kaufmännischer Leiter im EZ 2020 insgesamt 60.000,00 € ausgezahlt.

   Dieser Betrag wurde von der OHG auf dem Konto „Gehälter" gebucht.

3. Aus betrieblichen Mitteln wurden im EZ 2020 folgende Spenden gezahlt und dem Konto „Sonstige Aufwendungen" belastet:

   ▸ politische Partei   4.000,00 €

   ▸ Universität Düsseldorf   2.000,00 €

4. Am 01.07.2020 hat die Kai Muster OHG bei der Sparkasse A-Dorf ein betriebliches Darlehen i. H. v. 200.000,00 € aufgenommen. Das Darlehen hat eine Laufzeit bis zum 30.06.2030. Für dieses Darlehen wurden im EZ 2020 folgende Beträge gezahlt und auf dem Konto „Zinsaufwendungen" verbucht:

   ▸ Schuldzinsen   7.000,00 €

   ▸ Disagio (5 %)   10.000,00 €

5. Von einem benachbarten Unternehmen wurde seit Januar 2020 eine Produktionshalle in der Poststr. 37 einschließlich Einrichtungsgegenstände gepachtet. Die gezahlte Jahrespacht i. H. v. 360.000,00 € entfällt zu 20 % auf die Einrichtungsgegenstände.

6. Der Einheitswert des eigenen Betriebsgrundstücks (Poststr. 35) beträgt 100.000,00 € (Wertverhältnisse 01.01.1964). Das Gebäude wurde im EZ 2020 zu 75 % betrieblich und zu 25 % als Privatwohnung des Kai Muster und dessen Familie genutzt.
   Eine Grundsteuerbefreiung liegt nicht vor.

7. Wegen zunehmendem Raumbedarf verlagerte die Kai Muster OHG die Verwaltungsabteilung in ein bebautes Nachbargrundstück (Poststr. 33), das die OHG im Mai 2020 erworben hatte. Der Einheitswert beträgt 70.000,00 € (Wertverhältnisse 01.01.1964). Das Gebäude wurde zu 100 % betrieblich genutzt. Es gehört zum Betriebsvermögen der OHG.

Aufgabe

Ermitteln Sie für die Kai Muster OHG in einer übersichtlichen Darstellung für den EZ 2020 die Gewerbesteuerrückstellung bzw. den Gewerbesteuererstattungsbetrag.

Nichtansätze sind kurz zu begründen.

Der Gewerbesteuermessbetrag und/oder die Gewerbesteuer ist/sind ggf. auf volle € abzurunden.

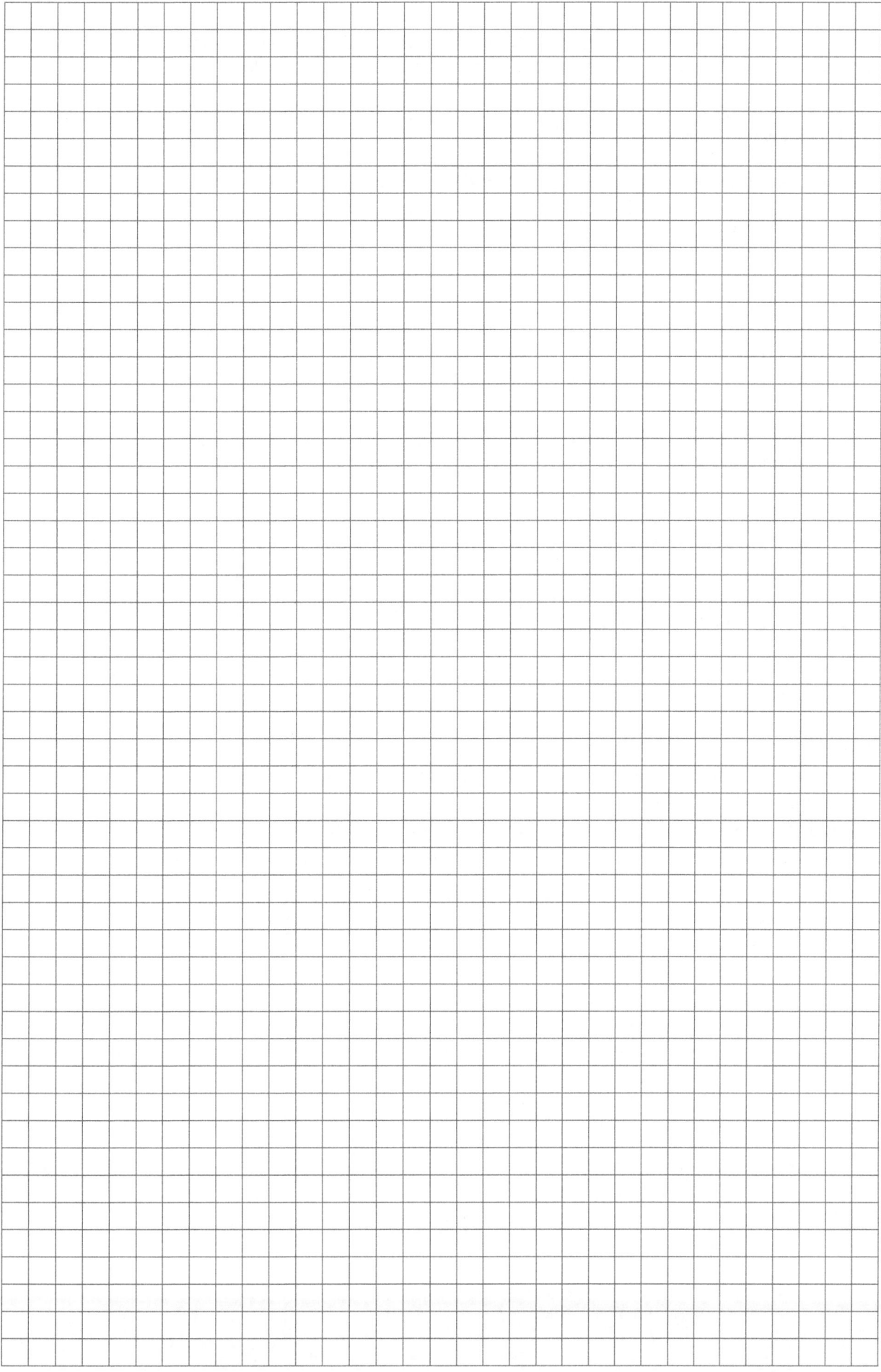

Aufgabe 75: Gewinnkorrekturen, Gewerbesteuer einer KG, Steuerermäßigung nach § 35 EStG

Die Peter Holz KG, eine Holzgroßhandlung in B-Dorf (Hebesatz: 260 %), besteht aus dem Komplementär Peter Holz und dem Kommanditisten Werner Bunte. Beide Gesellschafter sind zu je 50 % an der KG beteiligt.

Für den Erhebungszeitraum 2020 (Wirtschaftsjahr = Kalenderjahr) beträgt der vorläufig ermittelte handelsrechtliche Gewinn 100.000,00 €.

Die folgenden Sachverhalte haben sich in 2020 **gewinnmindernd** ausgewirkt:

1. Die vierteljährlichen Gewerbesteuervorauszahlungen betrugen jeweils 3.000,00 €.

2. Die Tätigkeitsvergütung i. H. v. monatlich 4.000,00 € wurde an den Komplementär Peter Holz ausgezahlt.

3. Eine Spende für kirchliche Zwecke i. H. v. 2.000,00 € wurde überwiesen.

4. Im Juni 2020 erwarb die KG ein unbebautes Grundstück, um es als Kundenparkplatz nutzen zu können. Der Einheitswert des Grundstücks beträgt 20.000,00 € (Wertverhältnisse: 01.01.1964). Der Kaufpreis von 300.000,00 € wurde folgendermaßen finanziert:

    ► Aufnahme eines Bankdarlehens i. H. v. 200.000,00 € (100 % Auszahlung). Die gezahlten Zinsen für 2020 betrugen 10.000,00 €.

    ► Darlehen des Kommanditisten Werner Bunte an die KG i. H. v. 100.000,00 €. Die gezahlten Zinsen für 2020 betrugen 4.000,00 €.

5. Die Anschaffungskosten für den Warenbestand an Holzvorräten hat die KG bei der Hausbank des Herstellers zwischenfinanziert. In 2020 wurden Zinsen i. H. v. 45.000,00 € für dieses Darlehen gezahlt.

6. Die Lagerräume und die Büroräume wurden angemietet. Die Mieten betrugen insgesamt 120.000,00 €. Für die Büroeinrichtung sind zusätzlich noch insgesamt 36.000,00 € Mietaufwand angefallen.

7. Die KG hat im Erhebungszeitraum 2020 zwei Lkw von einer deutschen Leasinggesellschaft für insgesamt 96.000,00 € (Jahresbetrag) geleast.

Zum 31.12.2019 wurde für die Peter Holz KG ein vortragsfähiger Gewerbeverlust i. H. v. 10.000,00 € bestandskräftig festgestellt.

Aufgaben

1. Ermitteln Sie in einer übersichtlichen Darstellung für den Erhebungszeitraum 2020 die Gewerbesteuerrückstellung bzw. den Gewerbesteuererstattungsbetrag.

    Nichtansätze sind mit „0" zu kennzeichnen und kurz zu begründen.

    Der Steuermessbetrag und die Gewerbesteuer sind dabei ggf. auf volle Euro nach unten abzurunden.

2. Peter Holz möchte von Ihnen wissen, welche Auswirkungen die von der KG gezahlte Gewerbesteuer auf die von ihm zu zahlende Einkommensteuer für den VZ 2020 hat.

Ermitteln Sie aufgrund Ihres Ergebnisses aus der Aufgabe 1 dabei auch den sich ergebenden Eurobetrag und nennen Sie die genauen gesetzlichen Grundlagen.

Gehen Sie bei der Lösung davon aus, dass der Gewinn der KG gleichmäßig auf die beiden Gesellschafter verteilt wird.

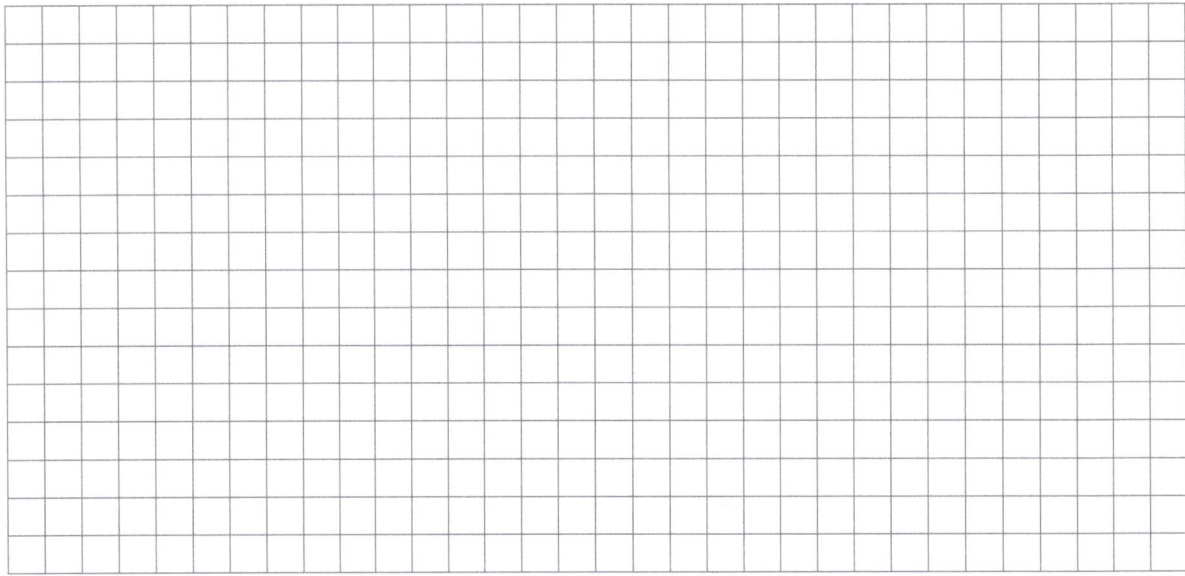

Aufgabe 76: Arbeitslöhne bei der Zerlegung, örtliche Zuständigkeit

Die Schuster KG (Textileinzelhandel) unterhält Filialen in den Städten A-Dorf, B-Dorf und C-Dorf. Der Hauptsitz der KG liegt in A-Dorf, wo auch der Komplementär und Geschäftsführer Thomas Schuster ausschließlich tätig ist.

Die Summe der gezahlten Arbeitsvergütungen ist in 2020 wie folgt in den Filialen angefallen:

Vergütung	A-Dorf	B-Dorf	C-Dorf	Summe
Geschäftsführer Thomas Schuster	90.000,00 €	0,00 €	0,00 €	90.000,00 €
lfd. Gehälter der Filialleiter (i. S. des § 19 Abs. 1 Nr. 1 EStG)	0,00 €	52.000,00 €	52.000,00 €	104.000,00 €
Tantiemen Filialleiter	0,00 €	4.500,00 €	2.200,00 €	6.700,00 €
Gehälter Verkäuferinnen (i. S. des § 19 Abs. 1 Nr. 1 EStG)	85.000,00 €	70.000,00 €	72.400,00 €	227.400,00 €
Sekretärin	32.000,00 €	0,00 €	0,00 €	32.000,00 €
Auszubildende	5.800,00 €	5.800,00 €	5.800,00 €	17.400,00 €

Die Gewerbesteuerhebesätze betragen für den Erhebungszeitraum 2020:

- A-Dorf: 450 %
- B-Dorf: 450 %
- C-Dorf: 427 %

Der Gewerbesteuermessbetrag beträgt insgesamt für alle drei Filialen 4.000,00 €.

Aufgaben

1. Welches Finanzamt (Bezeichnung und Ort) ist für die Festsetzung und Zerlegung des Gewerbesteuermessbetrages zuständig? Nennen Sie die gesetzliche Grundlage.

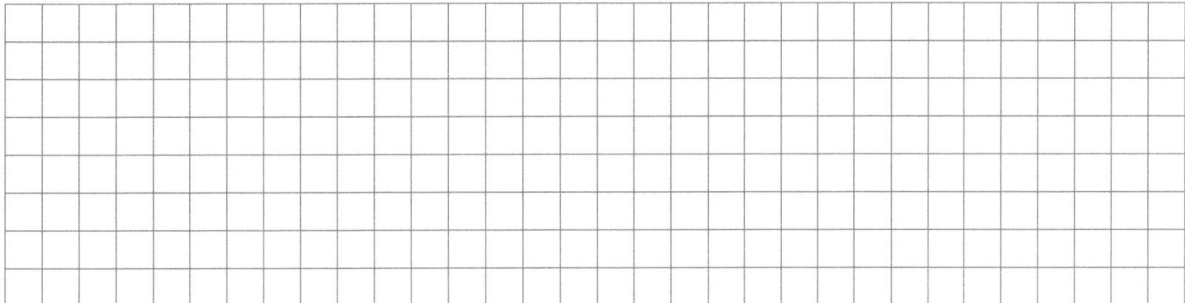

2. Berechnen Sie für den Erhebungszeitraum 2020

   a) die Höhe der anteiligen Gewerbesteuermessbeträge und

   b) die von der Stadt A-Dorf festzusetzende Gewerbesteuer.

   Hinweis:

   Sonstige Vergütungen i. S. des § 31 Abs. 4 Satz 2 GewStG sind vor allem Arbeitslöhne.

   a) **Anteilige Gewerbesteuermessbeträge:**

Arbeitslohn	A-Dorf	B-Dorf	C-Dorf	Summe
Geschäftsführer Schuster				
lfd. Gehälter der Filialleiter (§ 19 Abs. 1 Nr. 1 EStG)				
Tantiemen Filialleiter				
Gehälter Verkäuferinnen (§ 19 Abs. 1 Nr. 1 EStG)				
Sekretärin				
Auszubildende				
Summe Arbeitslöhne				
abgerundet				
Anteil in Brüchen				
Messbetrag				
abgerundet auf volle Euro				

   b) **Festzusetzende Gewerbesteuer (Stadt A):**

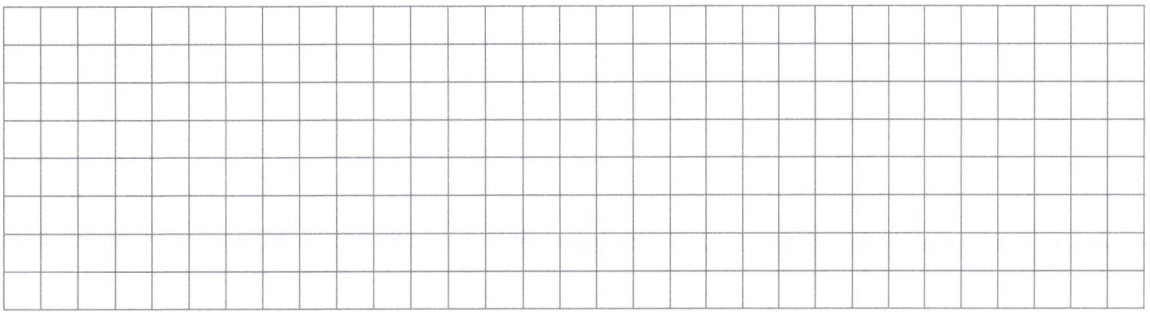

Aufgabe 77: Zerlegung bei Betriebsstätten in mehreren Gemeinden

Die Gesellschafter Peter Paul und Hans Tacke betreiben in A-Dorf unter der Firma „Paul Tacke OHG" ein Speditionsunternehmen. In B-Dorf unterhält die OHG ein Außenlager.

Für den Erhebungszeitraum 2020 ergibt sich ausweislich der Gewinn- und Verlustrechnung der „Paul Tacke OHG" ein Gewinn i. H. v. 70.250,00 €. Hierbei sind Gewerbesteuervorauszahlungen für 2020 i. H. v. 8.200,00 € gewinnmindernd berücksichtigt worden.

Aus den Unterlagen der OHG ergibt sich Folgendes:

1. Für ein betriebliches Darlehen musste die OHG Schuldzinsen i. H. v. 6.200,00 € entrichten
2. Die Zinsen für den laufenden Kontokorrentkredit betragen 5.750,00 €
3. Die Pacht für das Bürogebäude beträgt 81.600,00 €
4. Die Aufwendungen für Lizenzen (zeitlich befristete Überlassung) haben 12.000,00 € betragen
5. Der Einheitswert des Betriebsgrundstückes beträgt 57.500,00 €
6. Zum 31.12.2019 ist ein vortragsfähiger Gewerbeverlust i. H. v. 6.900,00 € gesondert festgestellt worden
7. Folgende Vergütungen wurden gezahlt

	Löhne	Gehälter	Ausbildungs-vergütungen	Zuschläge für Nachtarbeit
A-Dorf	80.000,00 €	45.000,00 €	13.000,00 €	8.500,00 €
B-Dorf	40.000,00 €	23.000,00 €	8.000,00 €	2.750,00 €

8. Beide Gesellschafter arbeiten in dem Betrieb mit:
   ▸ Peter Paul ist zu 100 % in A-Dorf tätig
   ▸ Hans Tacke arbeitet zu 30 % in A-Dorf und zu 70 % in B-Dorf.

Aufgaben

a) Ermi1tteln Sie für die „Paul Tacke OHG" den Steuermessbetrag für den Erhebungszeitraum 2020.

b) Ermitteln Sie die Höhe der auf die einzelnen Gemeinden entfallenden Steuermessbeträge und runden Sie diese auf volle € ab.

Ermi1tteln Sie für die „Paul Tacke OHG" den Steuermessbetrag für den Erhebungszeitraum 2020.

Aufgabe 78: Zerlegung bei Betriebssitzverlegung

Axel Schweiß betreibt einen Groß- und Einzelhandel mit Sanitärartikeln. Bis zum 31.03.2020 war er mit seiner Unternehmung in A-Dorf (Hebesatz 490 %) ansässig. Seit dem 01.04.2020 ist er mit seinem Unternehmen nach B-Dorf (Hebesatz 260 %) umgezogen.

Für den Erhebungszeitraum (EZ) 2020 ergibt sich ausweislich der Gewinn- und Verlustrechnung ein Gewinn i. H. v. 165.000,00 €. Hierbei sind Gewerbesteuervorauszahlungen für 2020 i. H. v. insgesamt 20.000,00 € gewinnmindernd berücksichtigt worden.

Aus den Unterlagen ergibt sich außerdem Folgendes:

a) Am 14.09.2020 erfolgte die Zuteilung eines betrieblichen Darlehens durch die Sparkasse in A-Dorf. Die gezahlten Zinsen für den EZ 2020 i. H. v. 16.000,00 € wurden als Aufwand gebucht.

b) Das Geschäftsgebäude in A-Dorf gehört seit 2016 zum Betriebsvermögen des Axel Schweiß. Der Einheitswert (Wertverhältnisse: 01.01.1964) beträgt 120.000,00 €. Bis zu dem Umzug nach B-Dorf wurde das Gebäude seit dem Erwerb in 2016 zu 80 % betrieblich und zu 20 % privat genutzt.

c) Seit dem 01.04.2020 wird ein unbebautes Grundstück angemietet, das von Axel Schweiß als Kundenparkplatz genutzt wird. Die im EZ 2020 gezahlte Miete betrug 63.000,00 €. Der Vorgang wurde zutreffend gebucht.

d) Von einem benachbarten Unternehmen wurde ab dem 01.04.2020 ein Geschäftsgebäude gepachtet. Die im EZ 2020 gezahlte Pacht i. H. v. 180.000,00 € entfällt zu 40 % auf bewegliche Einrichtungsgegenstände. Der Vorgang wurde ordnungsgemäß gebucht.

e) Die gezahlten und gebuchten Lohn- und Gehaltsaufwendungen betrugen für den EZ 2020 insgesamt 175.000,00 €.
Hiervon entfällt auf B-Dorf ein Anteil i. H. v. 131.250,00 €.

Aufgaben

1. Ermitteln Sie den Gewerbesteuermessbetrag für den EZ 2020.

2. Führen Sie die Zerlegung des Gewerbesteuermessbetrages für den EZ 2020 durch.

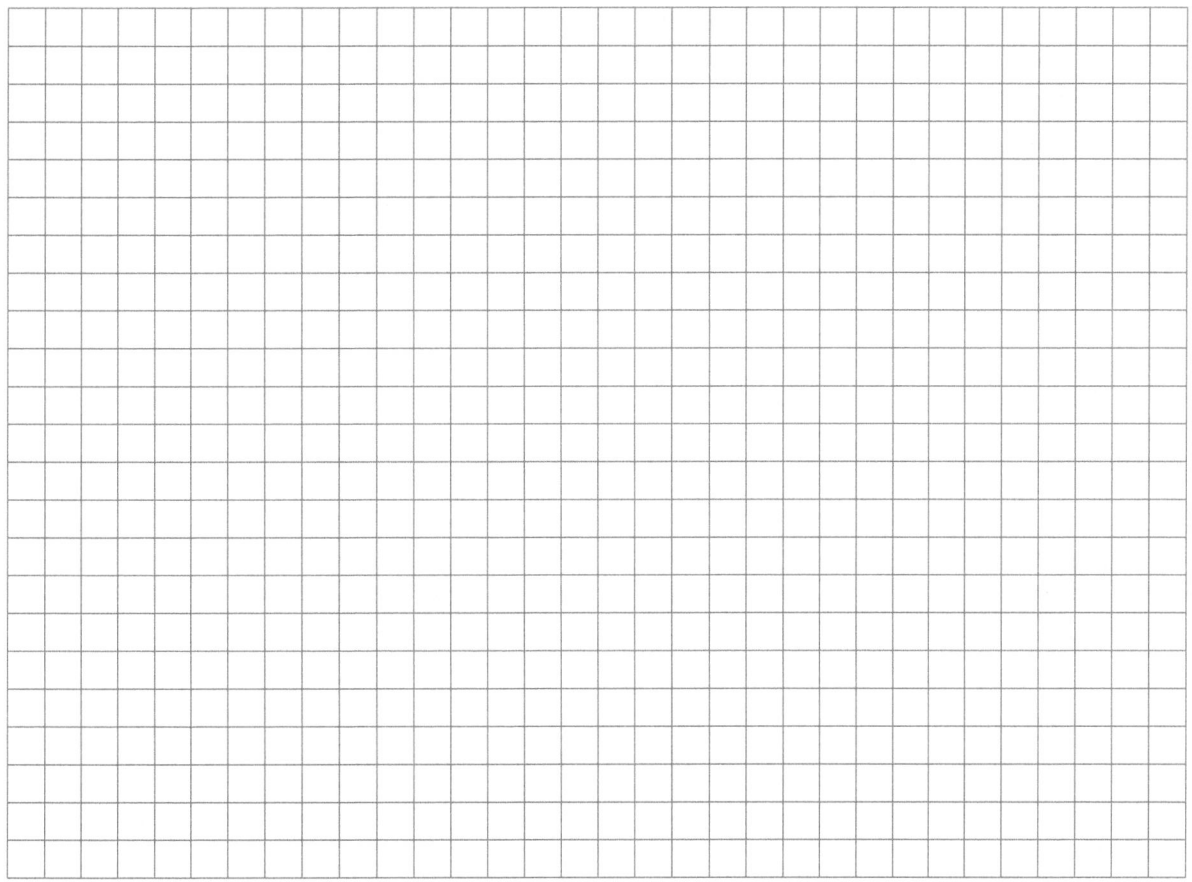

3. Ermitteln Sie die Gewerbesteuerentlastung 2020, die sich aufgrund der Betriebssitzverlegung von A-Dorf nach B-Dorf ergibt. Cent-Beträge sind auf volle €-Beträge abzurunden.

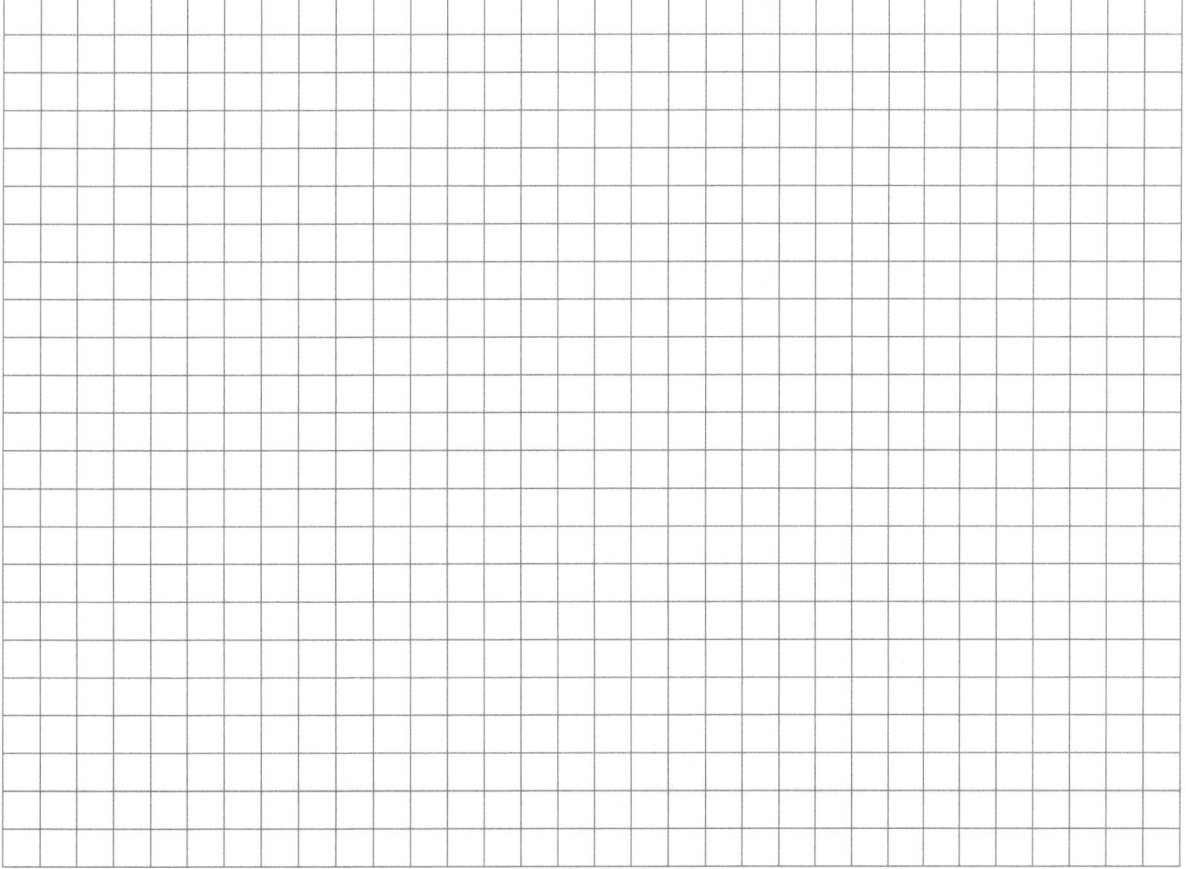

Aufgabe 79: GmbH: Körperschaft- und Gewerbesteuerrückstellung

An der Sonnenschein GmbH aus A-Dorf sind Ute Sonnenschein mit 70 % und Kai Zander mit 30 % am Stammkapital beteiligt.

► Ute Sonnenschein ist alleinige Geschäftsführerin der GmbH.

► Kai Zander ist Arbeitnehmer in der Buchhaltung.

In der Handelsbilanz zum 31.12.2020 ist ein vorläufiger handelsrechtlicher Jahresüberschuss i. H. v. 397.650,00 € ausgewiesen.

Nachstehende Sachverhalte sind wie folgt berücksichtigt:

Sachverhalt 1
In der Gesellschafterversammlung vom 30.06.2020 wurde beschlossen, das Gehalt der Geschäftsführerin ab dem 01.01.2020 um 1.000,00 € und des Gesellschafters Kai Zander ebenfalls ab dem 01.01.2020 um 500,00 € monatlich rückwirkend zu erhöhen. Die Gehälter beider Gesellschafter sind auch nach der Erhöhung noch angemessen und wurden als Personalaufwand erfasst.

Sachverhalt 2
Die Sonnenschein GmbH ist seit Jahren mit 10 % an der Kern GmbH beteiligt. Die Gewinnausschüttung für 2019 vom 27.08.2020 wurde wie folgt gebucht:

Bank	36.812,50 €	
Kapitalertragsteuer	12.500,00 €	
Solidaritätszuschlag	687,50 €	
an Dividendenerträge		50.000,00 €

Sachverhalt 3
Die Gesellschafterin Ute Sonnenschein gewährte der GmbH zum 01.07.2020 ein Darlehen i. H. v. 250.000,00 €. Die vertraglich vereinbarten Zinsen i. H. v. 8 % jährlich wurden vereinbarungsgemäß am 31.12.2020 gezahlt und i. H. v. 10.000,00 € als Zinsaufwand behandelt. Der übliche Marktzins beträgt 5 %.

Sachverhalt 4
Aus der Gewinn- und Verlustrechnung 2020 ergeben sich zusätzlich folgende Positionen

► Körperschaftsteuervorauszahlungen 2020	40.000,00 €
► Solidaritätszuschlag-Vorauszahlungen 2020	2.200,00 €
► Gewerbesteuer-Vorauszahlungen 2020	42.000,00 €
► Körperschaftsteuer-Erstattung 2018	12.000,00 €
► Erstattungszinsen-Körperschaftsteuer 2018	180,00 €
► Spenden an eine politische Partei	4.000,00 €
► Zinsaufwendungen (Bankdarlehen)	85.000,00 €
► Miete Geschäftsräume	66.000,00 €

Zusätzliche Angaben
Die Einheitswerte der Betriebsgrundstücke wurden nach den Wertverhältnissen zum 01.01.1964 mit 250.000,00 € zum 01.01.2020 festgestellt.

Der Hebesatz der Gemeinde A-Dorf beträgt 460 %.

Aufgaben

1. Ermitteln Sie in einer übersichtlichen Darstellung für die Sonnenschein GmbH für den VZ 2020 das zu versteuernde Einkommen. Nichtansätze sind zu begründen.

vorläufiger Jahresüberschuss	**397.650,00 €**
Sachverhalt 1	
Sachverhalt 2	
Sachverhalt 3	
Sachverhalt 4	
zu versteuerndes Einkommen	

2. Ermitteln Sie in einer übersichtlichen Darstellung die Rückstellungen zum 31.12.2020 zur
   a) Körperschaftsteuer,
   b) Solidaritätszuschlag sowie
   c) zur Gewerbesteuer.

   a) **Körperschaftsteuer:**

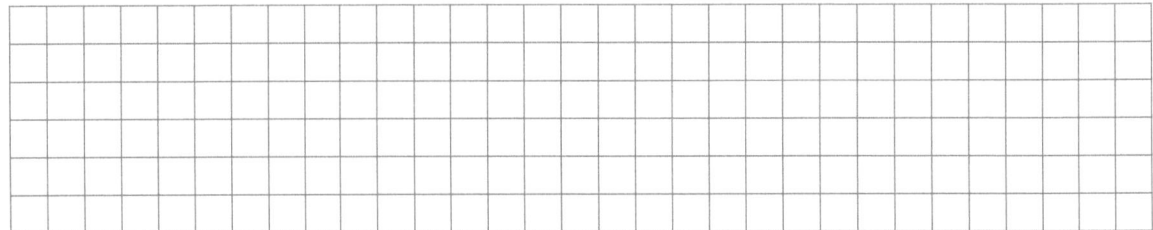

   b) **Solidaritätszuschlag:**

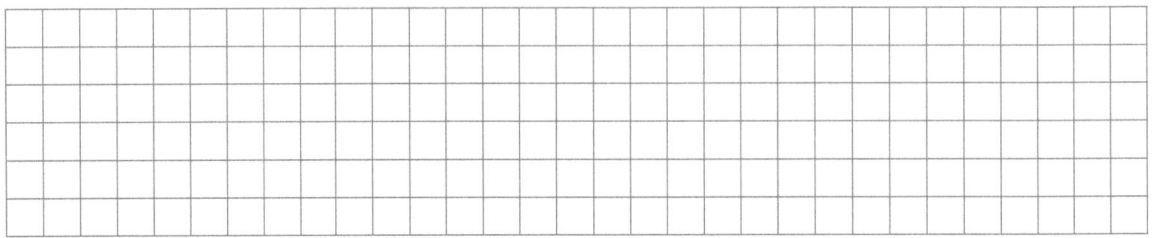

   c) **Gewerbesteuer:**

Aufgabe 80: GmbH: Körperschaft- und Gewerbesteuer, Zerlegung

Die Karl Ender GmbH hat ihren Sitz in A-Dorf. Zum 01.01.2020 eröffnete sie eine selbstständige Betriebsstätte in B-Dorf.

Die vorläufige handelsrechtliche Gewinn- und Verlustrechnung für das Wirtschaftsjahr (= Kalenderjahr) weist folgende Positionen aus:

Gewinn- und Verlustrechnung vom 01.01.2020 - 31.12.2020		
Umsatzerlöse		837.500,00 €
Personalaufwand	241.875,00 €	
Abschreibungen	43.000,00 €	
sonstige betriebliche Aufwendungen	196.625,00 €	
Zinsaufwand	6.281,00 €	487.781,00 €
Ergebnis der gewöhnlichen Geschäftstätigkeit		349.719,00 €
Steuern vom Einkommen und Ertrag		13.431,00 €
Jahresüberschuss		**336.288,00 €**

Erläuterungen zu den einzelnen Positionen:

1. Der Personalaufwand enthält u. a.:
   - ► Löhne und Gehälter Betriebsstätte A-Dorf: 130.000,00 €
     (davon 7.500,00 € Ausbildungsvergütung)
   - ► Löhne und Gehälter Betriebsstätte B-Dorf: 71.875,00 €

2. Die sonstigen betrieblichen Aufwendungen beinhalten:
   - ► Miete Büroräume A-Dorf: 38.000,00 €
   - ► Miete Büroräume B-Dorf: 30.000,00 €
   - ► Leasingkosten für den Fuhrpark: 12.000,00 €
   - ► Spende an eine gemeinnützige Stiftung in A-Dorf: 1.250,00 €
   - ► Geschenke an Geschäftsfreunde über 35 € i. H. v.   1.625,00 € (brutto)

3. Die Position „Steuern vom Einkommen und Ertrag" setzt sich wie folgt zusammen:
   - ► Körperschaftsteuervorauszahlung: 8.750,00 €
   - ► Vorauszahlung Solidaritätszuschlag: 481,00 €
   - ► Gewerbesteuervorauszahlung: 4.800,00 € (gezahlt an die Gemeinde A-Dorf)
   - ► Erstattung Gewerbesteuer Vorjahr: 600,00 €

Der Hebesatz für A-Dorf beträgt 450 % und für B-Dorf 490 %.

Aufgaben

1. Berechnen Sie in einer übersichtlichen Darstellung die Nachzahlung bzw. den Erstattungsbetrag für die Körperschaftsteuer und den Solidaritätszuschlag für den VZ 2020.

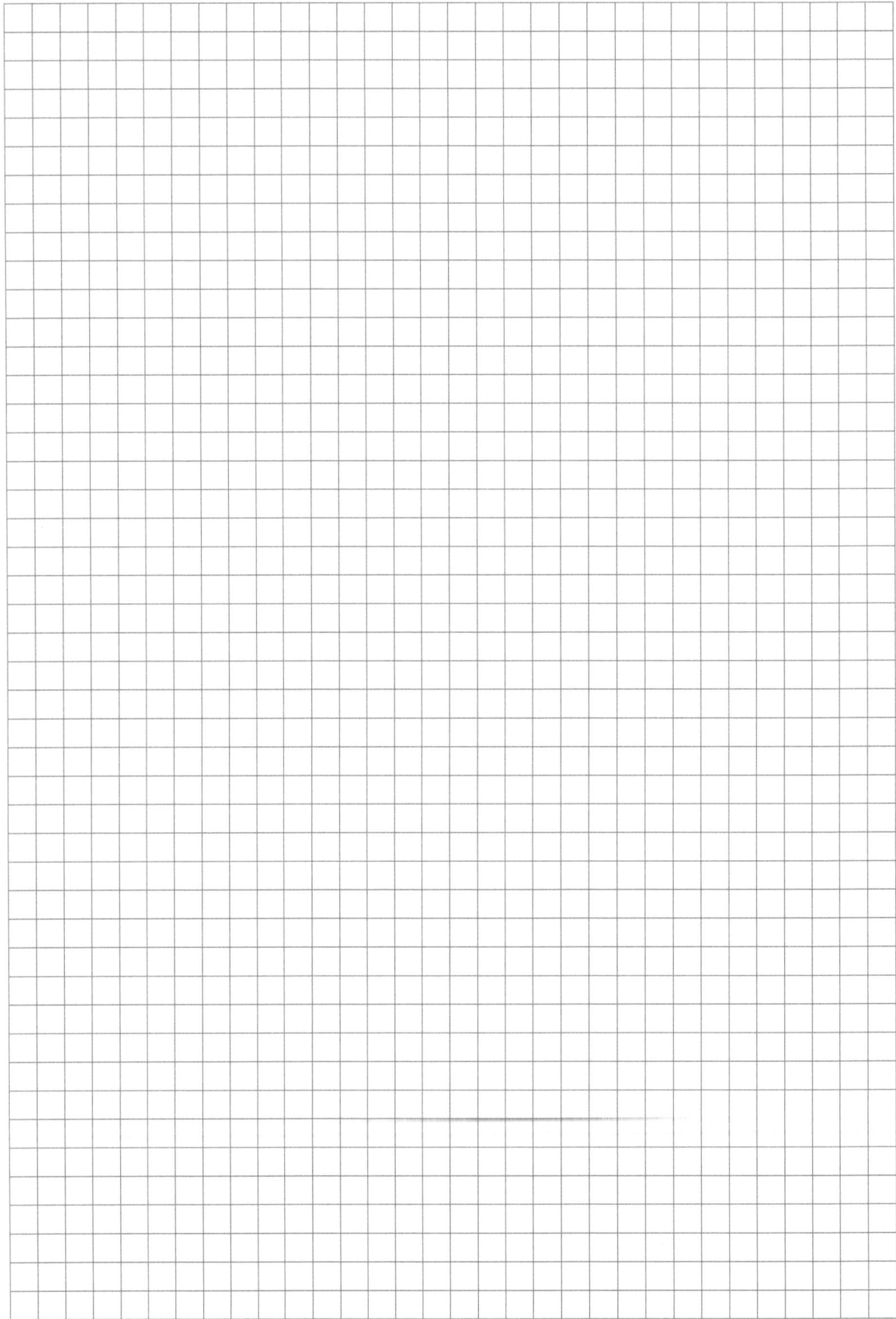

2. Berechnen Sie in einer übersichtlichen Darstellung die Gewerbesteuerabschlusszahlungen bzw. Gewerbesteuererstattungen für den EZ 2020.

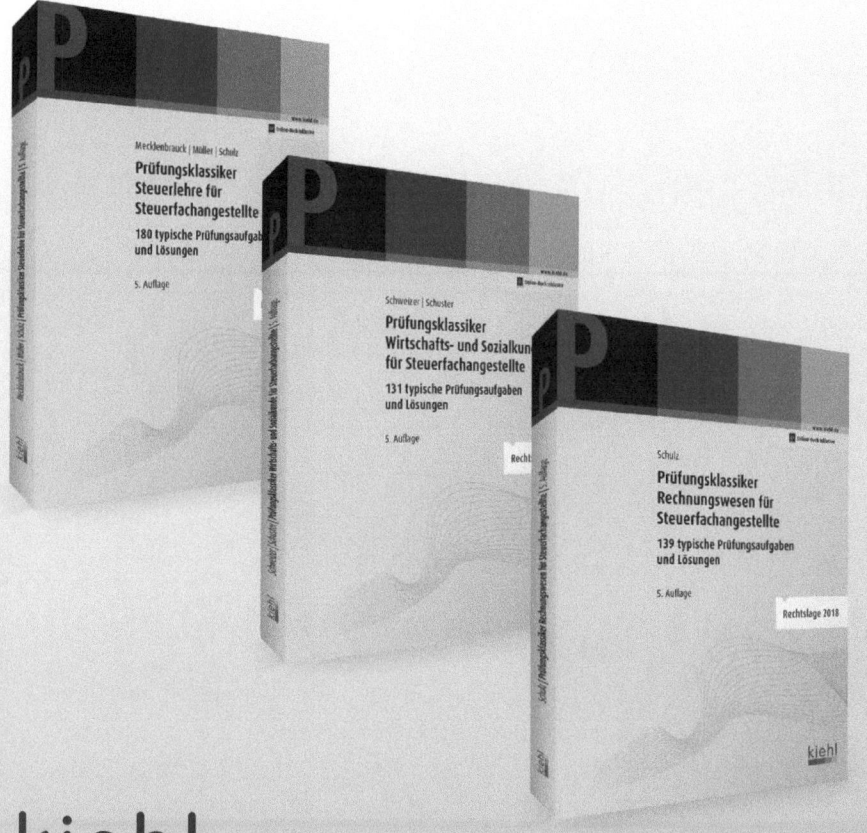